中职学生核心素养培育丛书

常见心理困惑

100例

王胜军　陈伟群 ⊙ 主编

浙江科学技术出版社

图书在版编目(CIP)数据

常见心理困惑100例/王胜军，陈伟群主编.—杭州：浙江科学技术出版社，2020.7
（中职学生核心素养培育丛书）
ISBN 978-7-5341-9073-5

Ⅰ.①常… Ⅱ.①王…②陈… Ⅲ.①心理健康—健康教育—教案（教育）—职业高中 Ⅳ.①G444

中国版本图书馆 CIP 数据核字（2020）第 127029 号

丛　书　名	中职学生核心素养培育丛书
书　　　名	常见心理困惑100例
主　　　编	王胜军　陈伟群
出版发行	浙江科学技术出版社 杭州市体育场路347号　邮政编码：310006 办公室电话：0571-85176593 销售部电话：0571-85176040 网　　址：www.zkpress.com E-mail：zkpress@zkpress.com
排　　版	杭州大漠照排印刷有限公司
印　　刷	杭州广育多莉印刷有限公司
经　　销	全国各地新华书店
开　　本	787mm×1092mm　1/16　　　印　张　11.25
字　　数	252 000
版　　次	2020年7月第1版　　　印　次　2020年7月第1次印刷
书　　号	ISBN 978-7-5341-9073-5　　　定　价　29.50元

版权所有　翻印必究
（图书出现倒装、缺页等印装质量问题，本社销售部负责调换）

责任编辑　张祝娟　　**文字编辑**　方　晴　　**责任校对**　李亚学
责任美编　金　晖　　**责任印务**　崔文红

编委会

顾　　问	孙炳海
总　　编	李立金
主　　编	王胜军　陈伟群
编　　委	赵　轩　潘爱珍　张利轩　杨冬琴　雷永香
	郑　洋　虞夏骏　尹相文　孙　乾　孙长康
	黄嘉昕　金玲玲　张　凤　欧红蕾

序言

随着社会的发展、科学技术的不断进步,国家迫切需要一大批从事基础性工作的实用型技术人员。中等职业教育是职业教育事业的基础,是培养我国产业生力军的重要途径。处于成长困惑期的部分中职学生呈现出学习目标不够明确、学习兴趣不够浓厚、自信心不足、自制力不强等共同特征,这形成了中职学生独特的心理困惑。

中职学生正处在人生成长的"拔节孕穗期",需要被精心引导和栽培。各种心理问题不仅使学生本人无所适从,也给老师和家长带来很大的困扰。如何给予学生正确引导、如何调适学生的心理、如何为学生的身心健康保驾护航,值得中职教育工作者认真思索。为缓解中职学生的心理困惑,我们在深入调研后将典型案例进行分类整理,通过集体的智慧撰写了本书。

本书有以下特点:

一、案例"接地气",充分体现中职学生各类心理困惑。通过与学生、老师访谈,个案收集等,共提炼出100个中职学生常见心理困惑的典型案例,并将其分为学业问题、人际问题、情绪问题、认知问题和行为问题共五类心理困惑。

二、实用性强,为中职学生的心理转变提供科学方法。对收集、归纳的100例中职学生常见心理困惑进行科学分析,并提供有效的应对方法。每个案例首先提出学生的心理困惑,接着分析问题,最后提出有效建议,以"心灵迷思""心路探究""心海导航"三个模块来呈现。全书通俗易懂,能够运用专业的心理学知识解决中职学生的心理困惑。

处于16~19岁年龄段的中职学生的生理和心理正逐渐走向成熟,心理压力也自然逐渐增加。帮助中职学生克服困难、健康成长是大家的共同责任。本书可为学生反思自身问题、寻找方法、解决问题提供帮助，也可以为老师、家长、社区工作人员帮助中职学生提供策略与思路。

本书是中职教育领域一本非常实用的理论宝典与操作手册，对广大中职教育界的同仁有积极的参考价值。

孙炳海

浙江师范大学研究生院常务副院长

中国社会心理学会理事

中国心理学会教育心理专业委员会委员

中国心理学会社会心理学专业委员会委员

2020 年 2 月

目录

学业问题

1. 自我管理能力差，怎么办 / 2
2. 我在升学还是就业间徘徊，怎么办 / 3
3. 父母希望我考大学，我想就业，怎么办 / 5
4. 我学习总是"事倍功半"，怎么办 / 6
5. 我忍不住请病假去上网，怎么办 / 8
6. 我想转专业又担心跟不上，怎么办 / 10
7. 我对前途没有信心，怎么办 / 11
8. 我参赛压力过大，怎么办 / 13
9. 我竞赛失败后一蹶不振，怎么办 / 15
10. 我学习动力不足，怎么办 / 16
11. 没有考入理想高中不愿学习，怎么办 / 18
12. 高三考前焦虑，怎么办 / 20
13. 做事效率低，有"拖延症"，怎么办 / 22
14. 父母的高期望导致自身压力过大，怎么办 / 24
15. 只爱运动而不爱学习，怎么办 / 26
16. 上课经常走神发呆，怎么办 / 27
17. 我总是记性不好，怎么办 / 29
18. 学优生突然学习倦怠，怎么办 / 31

⑲ 我对学习不能有效纠错，怎么办 / 32

⑳ 我不懂得如何进行时间管理，怎么办 / 34

㉑ 在择业中"眼高手低"，怎么办 / 35

㉒ 把学习当作"苦差事"，怎么办 / 37

人际问题

❶ 因恃才傲娇，被同学们孤立，怎么办 / 40

❷ 在班里老是被同学误解，怎么办 / 41

❸ 与寝室同学关系不好，怎么办 / 43

❹ 好朋友"移情别恋"了，怎么办 / 45

❺ 用极端的方法解决问题，怎么办 / 47

❻ 因为家庭条件差产生自卑感，怎么办 / 48

❼ 因为是班干部而被人仇恨，怎么办 / 50

❽ 不知道如何拒绝他人，怎么办 / 51

❾ 被老师立标杆，遭同学孤立，怎么办 / 53

❿ 在众人面前不敢讲话，怎么办 / 54

⓫ 性格内向被班级同学疏远，怎么办 / 56

⓬ 情商低，经常出口伤人，怎么办 / 57

⓭ 父母经常吵架，怎么办 / 58

⓮ 因看过不良视频而不敢与异性交往，怎么办 / 59

⑮ 外出补课被性骚扰，从此害怕异性老师，怎么办 / 61
⑯ 在交往中"被分手"了，怎么办 / 62
⑰ 给女友造成伤害而每天自责，怎么办 / 64
⑱ 性别认同存在偏差，怎么办 / 66
⑲ "因爱生恨"恐惧社交，怎么办 / 67
⑳ 男女交往"跨越禁区"，怎么办 / 69
㉑ 因喜欢同性遭同学排斥，怎么办 / 70
㉒ 从小被父亲抛弃，从此厌恶男性，怎么办 / 72
㉓ 总喜欢以自我为中心，怎么办 / 73
㉔ 失恋了很痛苦，怎么办 / 75
㉕ 班干部在工作中左右为难，怎么办 / 76

情绪问题

① 脾气暴躁，容易发火，怎么办 / 79
② 与父母、老师对着干，怎么办 / 80
③ 嫉妒心重，见不得别人好，怎么办 / 82
④ 缺乏信任，疑心重，怎么办 / 83
⑤ 自我情绪容易失控，怎么办 / 85
⑥ 想法消极，过度悲观，怎么办 / 86
⑦ 缺乏自信心，怎么办 / 88

⑧ 过分关注自我，内心敏感，怎么办 / 89

⑨ 情绪失控，反应过激，怎么办 / 91

⑩ 因身材肥胖而内心自卑，怎么办 / 92

⑪ 社交焦虑，对学校感到恐惧，怎么办 / 94

⑫ 走不出过往创伤的阴影，怎么办 / 95

⑬ 不适应住校生活，怎么办 / 97

⑭ 感到抑郁，怎么办 / 99

⑮ 面对疫情焦虑不安，怎么办 / 100

认知问题

❶ 金钱至上，价值偏差，怎么办 / 104

❷ 一心要嫁富豪，整日梳妆打扮，怎么办 / 105

❸ 过分追求瘦，怎么办 / 107

❹ 对老师存在偏见，怎么办 / 109

❺ 因外貌而自卑，怎么办 / 111

❻ 产生错误的道德观念，怎么办 / 112

❼ 热衷于"帮派斗争"，怎么办 / 114

❽ 总觉得别人认为自己难看，怎么办 / 116

❾ 因爱自残，怎么办 / 117

❿ 被义气"挟持"，怎么办 / 119

⑪ 花钱没有节制，怎么办 / 120

⑫ 网络行话"出口成脏"，怎么办 / 122

⑬ 得了"中二病"，怎么办 / 124

⑭ 一回家就变得懒散暴躁，怎么办 / 125

⑮ 具有选择困难症，怎么办 / 127

⑯ 总是喜欢以自我为中心，怎么办 / 129

⑰ 总感到"生无可恋"，怎么办 / 131

行为问题

① 对手机的使用出现偏执，怎么办 / 134

② 不知不觉成为"低头族"，怎么办 / 135

③ "网瘾"一犯再犯，怎么办 / 137

④ 沉迷小说无心学习，怎么办 / 139

⑤ 变成"小官迷"，怎么办 / 140

⑥ 迷恋上网络女主播，怎么办 / 142

⑦ 一心想当网络游戏主播，怎么办 / 144

⑧ 喜欢上吸烟，怎么办 / 146

⑨ 变成了"特困生"，怎么办 / 147

⑩ 看恐怖片影响生活，怎么办 / 149

⑪ 控制不住自己咬手指甲，怎么办 / 151

⑫ 一心想成为"古惑仔"，怎么办 / 152

⑬ 行为乖张，怎么办 / 154

⑭ 经常违反规章制度，怎么办 / 156

⑮ 逆反心理严重，怎么办 / 157

⑯ 盛怒下自残，怎么办 / 159

⑰ 日日"思君"不慕学，怎么办 / 161

⑱ 人生很迷茫，怎么办 / 162

⑲ 丢东西后一直在后悔，怎么办 / 164

⑳ 经常性睡眠不好，怎么办 / 165

㉑ 生活方式不够健康，怎么办 / 166

学业问题

1 自我管理能力差，怎么办

心灵迷思

小安是一名职高三年级的女生。新冠肺炎疫情期间，学校组织了网络教学，老师利用钉钉平台进行直播教学，学生使用手机观看。在最开始的时候，小安觉得这种教学方式很新奇，学习效果也较好。渐渐地，"新鲜期"过去了，小安开始不那么专注了。她经常一边听课一边追剧，有时还会睡着，这种情况愈演愈烈，从一开始认真听课，到粗略听课，最后发展为不听课。小安对这种情况感到很着急，但就是控制不了自己。

心路探究

2020年春节前，突如其来的新冠肺炎疫情肆虐全国，教育部要求全国学校春季学期延迟开学，以保证这场"战疫"大获全胜。随后，各地教育部门以及各学校先后开始准备、运行"线上教学"模式，让学生们在家也能开展学习。

相比于传统教育，自主学习对于促进学生成长有着不可替代的作用。进行自主学习要求学生具备较强的自我管理能力，但由于一些同学的自我管理能力较差，因此线上教学效果不是很好。自控力和内驱力理论可以为摆脱这一困境提供线索。

罗伊·鲍迈斯认为，自控力就如同肌肉，是可以通过训练来提高的。训练自控力的方法有三个：一是集中精力改变一个习惯，完成小目标，比不切实际地制定大目标更能提高意志力。二是将行为习惯化，习惯的事情是不需要自控力也能完成的。三是适时的自我奖励，可参考游戏发奖励的机制，及时反馈，尽量采用实物奖励，建立自我奖励物品备用库，让每次奖励都有新鲜感。

维持较高的内驱力是自主学习的关键。奥苏贝尔认为，内驱力包括三种：一是认知内驱力，好奇心就属于这一种内驱力。二是自我提高内驱力，这是一种想让自己变得更好的心态，每个人都有这种心态，但是在各种挫折因素的作用下，一部分人会丧失这种内驱力。三是附属内驱力，其力量来源是家长、老师或领导。

心海导航

家庭作为特殊的课堂，在疫情期间发挥的作用非常关键。要想保障学生的学习质量，老师、家长、学生三者必须建立共同体，相互协作。

⭐ **善于利用好奇心。** 好奇心给予我们认知内驱力。我们可以把学到的知识尝试应用在实际生活中，或者通过在网上查询专业知识，去了解与知识相关的各方面信息，增强好奇心。

⭐ **善于利用自我提高内驱力。** 我们可以采用做学习记录的方式，把自己每天的学习情况记录下来，并且把学到的知识用最简洁的语言讲给家人听，通过复述，巩固知识。如果每天能看到自己的进步，就会增强信心和进取心。

⭐ **善于利用"他律"。** 在学习不够专心而自责的时候，我们可以求助家长、老师，或者与自己志同道合的同学组成学习小组，让别人来监督自己，时刻提醒自己。直到我们养成好的学习习惯。

⭐ **培养一个好习惯。** 按作息表生活起居、学习，保持学习环境的整洁，把影响自己学习的零食与手机放到隔壁房间。集中精力培养一个好习惯，例如坐直，坚持下去，我们最后会发现，自己各方面的自控能力都在提升。我们只要开始养成一个好习惯，就可以提升自己的自我管理能力。

② 我在升学还是就业间徘徊，怎么办

心灵迷思

小郑在学校遵守校纪班规，但是对于参加班集体活动不太积极。她性格沉稳、内向，人际交往仅限于室友。在刚刚入校时，她就向老师询问转到高职班的一些事项。转眼临近离校实习，她开始纠结、内心烦躁，时常出现情绪波动，主要是纠结继续升学还是参加实习。小郑的父母均为农民，小郑自幼做任何事情均由其父母替她决定。小郑坦言中考之后的志愿填报、学校选择、专业选择也都是她父母决定的。小郑考虑到家庭经济情况，想早点工作，可以赚钱补贴家用，但父母更希望她继续求学考上大学。为此她极其焦虑。离校实习前一段时间，据同学反应，小郑情绪波动很大，对同学说话态度不太好，晚上睡不着，有时彻夜难眠。任课老师也发现小郑上课经常睡觉，注意力不集中，有时候叫她也听不见，整个人看起来无精打采。就业或升学是摆在她面前的一道艰难的选择题。

心路探究

相比于同龄人，中职学生会更早面临一些人生中的重要抉择，毕业后究竟是选择工作挣钱，还是继续攻读学业充实自己？在面临现实与理想的冲突时，究竟如何才能作出正确的抉择？这是大部分中职学生都会面临的困扰。针对当前我们面临的这一问题，可以从以下几个方面来进行解释：

美国著名职业生涯规划大师舒伯认为，人生好比一道彩虹，一个人一生中扮演的许许多多角色就像彩虹一样同时具有许多色带，由此他提出了著名的"生涯彩虹图"。他认为，人生的整体发展由三个层面组成：时间、广度与深度。根据舒伯的生涯彩虹理论，青春期的学生正处于对职业的探索阶段（15～24岁），这个阶段的发展任务是使职业偏好逐渐具体化、特定化并实现它。这一阶段共包括三个时期：一是试探期（15～17岁），考虑需要、兴趣、能力及机会，作暂时的决定，并在幻想、讨论、课业及工作中加以尝试；二是过渡期（18～21岁），进入就业市场或进行专业训练，更重视现实，并力图实现自我观念，将一般性的选择转为特定的选择；三是试验并稍作承诺期（22～24岁），职业生涯的初步确定，并试验其成为长期职业生活的可能性，若不适合则再经历上述各个时期以确定方向。

但是，由于自我意识发展不完善，我们无法正确认识自己。而处于人生转型期的我们却需要在这一阶段确定自己的目标，学会规划自己的人生，结合自身、家庭、社会等各方面因素，在升学与择业中作出最适合自己的抉择。

学校和家庭是影响学生作出抉择的重要影响因素。部分学校老师和父母对于读大学有着刻板印象，他们强调继续升学，而生活状况又需要学生选择就业补贴家用，这也给予了学生一定的压力。社会片面认为学生不考大学就没有出息，这种刻板印象和现实生活的矛盾导致我们很难作出抉择。

心海导航

对未来充满迷茫，不知道自己的路该如何走下去，这是每个中职学生都可能会经历的过程。只有顺利渡过同一性发展的阶段，我们才能通过自身的探索得到满意的结果。针对升学还是择业的困惑，有以下建议：

⭐ 针对选择困难的问题，通过"生涯辅导课""生涯咨询"等方式，请求老师帮助自己。我们要多做尝试性探索，加深对自身条件的充分认识，了解自己的性格、兴趣、特长、价值观等。有效掌握职业环境、社会环境、相关组织等信息，如就业形势、人才需求等。

⭐ 请父母与老师助力，帮助我们制订详细规划，给予我们一定的指导。升学或择业的抉择仅靠学生是远远不够的，老师和父母可以更全面、客观地分析我们的能力水平，进而合理地引导我们。

★ 我们可以从升学、择业两者的利弊出发，在纸上写出各自的利弊，勇敢承担自己选择之后所要面临的风险，任何一个抉择都没有一个完美的答案，鱼和熊掌不可兼得。成长就是要我们学会承受作出选择后需承担的压力。

3 父母希望我考大学，我想就业，怎么办

小新在进入职业高中之后，想学好烹饪技术，3年后凭一技之长就业。但父母希望他能就读高职班，认真学习文化课知识，将来选择继续升学获得更多更好的就业机会。小新不知道自己到底应该坚持自己的初心，还是听从父母的建议。对此他十分困惑，究竟哪个才是自己应该作出的正确抉择。

首先，正处于青春期的中职学生，无论是知识经验，还是社会阅历都还贫乏，我们尚不能用批判性的眼光来全面、独立地分析和思考问题。因此，在面对重大决定的时候，面对来自各方面纷繁复杂的信息，我们往往难以进行系统、冷静的分析和权衡。因此，我们也就难免被不同的信息或建议所左右和困扰，从而表现得犹豫不决。

其次，我们作出选择意味着要承担相应的责任和风险。这也是导致我们难以作出决定的另一方面原因。选择考大学就会面临较大的学习压力，我们需要付出巨大的努力才可以在文化课成绩上追平甚至超过普通高中的学生。如果选择学习技术，我们又担心自己的学历会成为日后职业发展的瓶颈。很显然，我们不希望自己一时的轻率选择影响自己未来的发展，这种心理让我们更加难以抉择。

最后，我们的选择与家长意愿的矛盾也容易导致我们在选择时产生纠结。由于中职学生尚未成年，我们很多时候还需要听从家长的安排。父母对教育的考虑容易受到社会大环境的影响，虽然目前社会提倡素质教育，但依旧有很多人认为，中小学教育的主要目的就是使学生考入大学继续深造。这时，父母的意愿或其他亲朋好友的一些想法，就会影响我们的选择。例如，有的父母觉得努力学习文化知识考上大学才是中职学生唯一的出路，于是希望我们好好学习知识，但是如果我们其实更想学习技术，这种矛盾无疑会导致我们在选择学习知识还是技术的时候无所适从。

心海导航

选择学习知识还是技能对中职学生来说无疑是一件大事,能否作出适合自己的选择,关系到学生日后学习的成败,甚至还会影响未来的长远发展。若选择对了,学生可能会因此而顺风顺水;若选择错了,学生的潜能得不到最大限度的发挥,或者学生在发展道路上会遇到艰辛险阻。那么,我们应该怎样作出正确的、适合自己的选择呢?以下几点建议可供参考:

★ 学习一致性的沟通技巧。主动与父母对话,避免自己带着父母的意愿来完成父母曾经未实现的梦想。步入青春期,个体的独立意识逐渐增强,我们开始有了自己的想法,这是非常正常的事情。但今时不同往日,两代人的思想观念、思维方式以及社会现状已经截然不同。根据自身实际情况作出选择,适合自己的才是最好的。主动听取老师的意见,老师们见证了无数的中职毕业生,更了解专业前景,更有可能提出指导性意见。

★ 自我鼓励、勇敢作决定。我们可能每次选择都是不容易的,但又都是一次促进自己成长的机会。当多种选择摆在面前的时候,不仅要综合考虑各方面因素、谨慎抉择,更要做好勇敢、坦然面对抉择后的种种风险的心理准备。

★ 多进行自我对话,了解我们自身纠结的症结所在。最了解的人是自己,最不了解的人也是自己。这就需要我们认真梳理来自各方的信息,权衡各种利弊,并借助"SWOT"分析来理清思路。"SWOT"分析的具体操作可分为以下四步:

第一步:评估自身的长处和短处,列出喜欢的活动和擅长的事情,然后识别不喜欢的事情和不擅长的方面。认识到自己的短处,从而能改正它或者在选择中避开它。

第二步:识别选择知识还是技能分别引发的机会和威胁。我们可以收集相关资料,了解不同的选择所要面临的不同机会和威胁,重要的是识别这些外部因素,因为我们的选择会受到这些机会和威胁的重要影响。

第三步:评估外部环境的机会和威胁以及个体的优劣势,作出"SWOT"策略选择。

第四步:描绘未来三年的行动计划。写出实现目标的具体行动计划,确切地描述在什么时候应该做什么。

4 我学习总是"事倍功半",怎么办

心灵迷思

小包在初中时成绩还算可以,所有人都说他考上普通高中没有任何问题。但事实上,他中考并没有考好,普通高中的最低分数线都没到,但他觉得那只是一次失误。

高一期中考试，他考了班级十几名，他觉得自己应该能考得更好些，因此加倍努力学习，可是，期末考试竟然比上一次还下跌了好几名。面对越考越差的成绩，他产生了深深的挫败感，对学习没有了自信，觉得自己不是学习的料，期中考试后的加倍努力换来这样的结果，他真的无法接受，感觉自己快要崩溃了。如何才能不再出现"事倍功半"的状况呢？

心路探究

考试失利是学生在学习过程中都会经历的一件事，接连的打击往往会让那些心理脆弱的学生情绪跌入低谷，无法调整自己的心态。此时学生常常会表现出自责、痛苦、崩溃的状态。这种付出努力但没有成效的现象很常见，可以从以下几个方面来解释：

中考是一条分水岭，对于原本能顺利进入普通高中甚至重点高中继续学习的学生来说，由于中考没能正常发挥而进入了职业高中继续学业，心中难免会有落差。中考失利的这一事实已经令我们难以接受，在之后的重要考试中，不管自己如何努力，学习成绩仍旧上不去，这也更让我们感到失望。这一现象被称为"习得性无助"，它是指一个人经历了失败和挫折后，面对问题时产生的无能为力的心理状态和行为。在发现自己努力了很久，但却始终达不到预期的效果之后，开始感到无力抵抗某种影响命运的力量。在认知上，产生了对于学习的消极认识，认为努力学习并没有太大的作用；在学习动机上，逐渐丧失了用功学习的动力；在情绪上，变得日益消沉、精神恍惚。

同时，缺乏正确的学习观和学习策略也是导致我们无法进步的重要因素。一方面对于学习持有过强的动机，是导致我们不管怎么努力成绩都上不去的原因之一。耶克斯-多德森定律指出，动机的最佳水平随任务性质的不同而不同：在较为简单的任务中，工作效率随动机的提高而上升；而随着任务难度的增加，动机的最佳水平有逐渐下降的趋势。面对较难的任务持有较低的动机，才能有更高的学习效率。另一方面，我们未能掌握正确的学习策略也是这一现象产生的诱因。一味地在书上划重点或者死记硬背是不能提升学习成绩的，不正确的学习策略往往使学生"事倍功半"，从而陷入一个学习的怪圈，无论自己怎么努力，成绩总是上不去。长此以往，就会产生低落、自责的情绪和痛苦、崩溃的状态。

作为中职学生，我们正处于青年初期，心理状态不稳定。情绪表现尤为极端，时而很强烈，时而又很温和；有时候活泼外露，有时候又含蓄不愿意倾诉。我们容易因为一些小事产生较大的情绪波动，学业上的挫折可能就会激发强烈的情绪。此外，处于青春期的我们抗挫折的能力较差，接受的挫折教育也相对较少，容易因为一个小小的挫折而倍受打击，导致一蹶不振。

心海导航

学习问题是学生普遍会遇到的难题，努力学习而成绩总是上不去的状态会导致学生丧失学习动机。因此，培养正确的学习观和掌握有效的学习策略是每一个刚步入职高生活的新生所面临的重要课题，针对高一新生的学习问题，有以下建议：

★ 合理归因，了解归因偏差所带来的不良后果。我们产生不正确的认知在很大程度上是因为归因偏差，无法正确认识自己，从而将一切失败的源头归因于自身的能力。其实，还有其他因素会导致这种状况：任务难度大、环境因素差、努力程度不够、太紧张导致发挥失常等。通过正确归因等方式，正确认识自我的学习状态。

★ 掌握正确的学习策略，做到有效复习。死记硬背或只知道做笔记是不行的，我们可以采用"150%的过度学习"，根据艾宾浩斯的遗忘规律先快后慢地进行复习，讲究学习策略，真正做到有效学习。同时，避免将过多的时间消耗在重复学习中。减轻心理负担，劳逸结合，参加适当的非学习活动，缓解紧张情绪。

★ 参加抗挫训练，增强抗压能力。失败并不可怕，正所谓"胜败乃兵家常事"，从每一次失败中总结经验教训，避免再次失败才是最重要的。寻找原因，对症下药，有效利用学校资源，及时向老师求助，改变学习方法，调整自己的状态。

 我忍不住请病假去上网，怎么办

晓明高二开学时得了皮肤病，为了治病他在那一段时间内经常请病假去医院治疗。一开始由父母陪同，但最后两天父母因为有事就让晓明自己一个人去治病，晓明在做完治疗后，偷偷跑去了网吧。从那以后晓明常常以皮肤病复发为由请病假出去玩游戏。后来老师发现了他在装病，就对他进行了处分。但是由于长时间玩网络游戏，很难集中精力学习，他有些厌学了，在学校很难将心思放到学习上，常常一来到学校就声称自己身体不舒服，找老师请病假，企图逃避学习。因为晓明的父母经常在外出差，没有时间每次都来接晓明去看病，并且老师也不能确定他是真生病还是装病，阻止不了晓明以病假为由而缺课。晓明的学习成绩迅速下降，并且身体素质也越来越差，这让父母和老师都很着急，晓明也想改变现状，但是做不到，怎么办？

心路探究

生活中，很多青少年沉迷于网络游戏，严重影响青少年的心理健康和学业水平。早在2014年，国家新闻出版总署等八部委就联合发布了《关于保护未成年人身心健康实施网络游戏防沉迷系统的通知》，要求各网游运营商在所有网络游戏中试行防沉迷系统。随后，网络游戏如何"防沉迷"，持续成为社会关注的热门话题。可是青少年为何会沉迷于网络世界，中职学生的这一情况又为何尤为严重，甚至欺骗家长、老师逃课玩网络游戏呢？

首先，网络游戏可以弥补我们在现实生活中缺失的心理需求，个体在网络游戏中往往能够获得夸大的满足感。根据马斯洛需要层次理论，人的心理需求包括缺失性需求和成长性需求两大类，分为5个层次。当我们发现自己的心理需求得不到满足时，会将现实满足途径和网络满足途径进行对比，一旦发现网络游戏能弥补现实生活中的种种不足，使自己的心理需求在虚拟世界中得到满足，我们就会倾向于选择网络虚拟世界来发泄、逃避种种不良情绪，从而导致网络成瘾。例如，一个学习成绩较差的学生，经常得不到家长和老师的表扬和肯定，但是他可以在虚拟世界中表现优秀，从而得到其他人的关注和称赞。在这个过程中，中职学生感受到了快乐，得到了满足，这是中职学生沉迷于网络游戏世界的重要心理动因。

其次，压力过大也会导致我们沉迷网络世界。家庭、学校、社会的一些压力都会让我们退缩，从而步入网络世界。例如，父母的严厉或忽视，学校里的学习压力与交友压力等。面对压力，我们不能采取有效的途径和措施，就会促进我们对游戏的依赖。

最后，有的学生会为了获取某些物质或精神上的需要，产生了欺骗性说谎行为。美国社会心理学家费尔德曼认为，谎言有不同层次之分，撒谎动机包括三种：一是讨别人欢心，二是夸耀自己或维护自己的面子，三是自我保护。学生习惯性撒谎便是自我保护过度后形成的一种病态说谎行为。有的学生为了降低逃课去上网所带来的惩罚，采用假装生病等欺骗性说谎行为就是其中的典型。

心海导航

对于经常以生病为借口逃课上网的同学，以下几点建议可供参考：

⭐ 积极锻炼，增强体质。一个体质虚弱的学生，不容易适应环境，努力学习是需要体力的。每天安排运动时间，运动不仅可以锻炼身体，而且可以愉悦心情。

⭐ 主动交友，享受友情。每个人都有交往的需求，与周围人的关系好，心情就会好。身体状况与一个人对于环境的适应有关，如果花点时间与精力搞好人际关系，心情自然会舒畅，身心是一个相互影响的系统，心情好了，身体也会更好。同时还要学会主动求助，化解压力。

⭐ 当出现迷恋网络的迹象时，可以主动与老师和家长制定上网契约，做到合理地使用互联网。由于某些原因必须要被禁止上网时，可以与老师和家长积极沟通，了解禁止上网的原因，并协商恢复正常上网的条件，做到绿色上网。

★ 主动培养多种兴趣爱好，积极参加健康的文体活动，使注意力得到必要的分散和转移。参加课外兴趣活动可以避免因为无聊而沉迷网络游戏的问题。

6 我想转专业又担心跟不上，怎么办

心灵迷思

最近有个烦恼深深地困扰着高二汽修班的小刚。小刚特别喜欢烹饪，对自己目前学习的汽修专业丝毫不感兴趣，因此，他很想转到烹饪班。然而由于对烹饪方面的知识只是一知半解，小刚担心自己转到这个班级只会拖班级的后腿，而且兴趣并不能作为最后择业的决定因素。加上父母对专业的了解也十分有限，在网络上查询了相关资料之后，小刚更是陷入了烦恼中。对于自己现在学习的汽修专业，小刚完全没有兴趣也学不好；而对于自己感兴趣的烹饪专业，小刚也无法确定自己在转专业之后能否跟上老师的进度。

心路探究

作为中职学生，专业的选择是我们人生中一次重要的生涯选择，此时的专业选择不仅决定了我们后续几年的发展方向，甚至会影响人生方向。然而，许多学生是在不了解相关专业背景的情况下作出选择，我们可能选择了并不适合自己的专业，甚至对自己的专业学习产生了深深的抵触情绪，从而希望转专业。为什么有的中职学生会对自己的专业选择不确定呢？

首先，中职学生的自我概念不清晰，导致专业选择困难。自我概念在中职学生的职业发展中占据相当重要的地位。自我概念是个体关于自身能力、情感、态度和价值观等方面的总体认识，是个体人格结构的核心组成部分。自我概念不清晰的中职学生不明确自己真正喜欢什么、擅长什么与适合做什么。因此，面对纷繁复杂的学科专业，中职学生会不知所措，不知道什么专业适合自己，在专业选择时举棋不定。

其次，中职学生对有关专业和专业选择的知识了解太少，这会导致我们在专业选择上的困难。中职学生在学校较少涉及与专业选择有关的知识。所以当谈及所选专业时，我们并不了解某个专业所要学习的内容、需要学习哪些科目、需要考取哪些证书、是否需要实践等。除此之外，中职学生还缺乏有关专业选择的知识。每一个专业都有其特点，应该

与自身的兴趣、能力和性格等相匹配。

最后，中职学生专业选择困难也与职业生涯教育的缺失有关。在发达国家，学校非常重视中学职业生涯教育。政府不但设置了相关法案作为生涯教育的政策保障，而且教育体系内也形成了各具特色的生涯教育运行模式，并且得到了社会各界广泛的认可。但是在目前国内的应试教育环境下，受升学率压力的影响，职业生涯教育还处于起步阶段，仅有少数学校开展了相关课程与活动。此类认识的缺乏导致学生不知道从何处可以获得相关帮助、如何进行职业探索以及对自己的人生做出规划。在进行专业选择时，我们只能凭着少量的信息和短暂的思考作出抉择。

心海导航

了解这些原因后，中职学生可以通过哪些途径帮助自己作出合理的专业选择呢？

⭐ 认识专业选择的重要性。专业选择与学生未来的职业选择和工作方向等有着密切的关系。喜欢，但不一定胜任。在选择专业时，要结合多方面因素进行思考，查询相关资料，尽可能做足准备，树立信心。一旦作出决定，就全力以赴。

⭐ 建立清晰的自我概念。多参加课内外实践活动，多与不同的人交流探讨，从各式各样的活动和交流中体会与发掘自己真正喜欢、擅长并看重的事情。参与活动后，及时总结在活动中的感受，通过他人的评价、社会比较与自我感受，逐渐对自己有更清晰的认识。

⭐ 中职学生应将自身兴趣与专业发展进行匹配。对于清楚自己兴趣的学生，我们可以主动将兴趣与相关专业进行匹配，对于不清楚自己兴趣的，我们可以向学校的心理老师寻求帮助，进行职业生涯探索，比如进行霍兰德职业倾向测试。

⭐ 中职学生自己尽可能广泛地了解不同的专业领域。可以调查并了解周围人的工作情况、拜访感兴趣的职业人士、搜集相关的职业信息、参观工作场所、参加社会实践等，从而在获取相关信息的基础上规划自己的生涯。

❼ 我对前途没有信心，怎么办

心灵迷思

小华是一名职高一年级的学生，他本来挺热爱学习的，但由于自己在初中阶段学习不够努力没有考上普通高中，进入职业高中之后本想好好学习，但是不知怎地，自入学以来就没有了原来的热情，不想读书，也找不到自己感兴趣的事情和自己在这个学校的目标。想到3年后就要进入社会了，他更是手足无措。小华上课不想听，下课没事做，对自己的未来忧心忡忡，他真的不知道自己将来可以做什么，会去做什么，他产生了深深的焦虑和自责。

心路探究

进入青春期后，个体会逐渐将精力从探索外部世界转移到探索内心世界寻求自我统一上。"我是谁？""我将来要做什么？""我为什么要这么做？"面对角色的快速转换，我们在自我生涯探索的过程中可能会出现各种问题，从而表现出对未来的迷茫，情绪低落。

心理上的成人感与认知发展不成熟的矛盾。我们职业生涯困惑的主要原因是我们在青春期自我意识高涨，由于身体逐步发育，内心的成人感愈发强烈。但是，该阶段我们的认知发展并不成熟，主要表现为认知片面、认知极端。当我们受到表扬时，很容易自负、自满，而当我们遇到阻碍的时候，内心又很脆弱，容易产生自卑情绪，很容易自我否定，甚至怀疑自己的能力，进而导致对未来丧失希望。

社会群体对于中职学生的刻板印象。当前很多中职学生选择职业高中并不是出于自身兴趣，而是由于中考成绩不理想无法进入普通高中而被迫选择。许多家长、老师乃至普通民众对于中职学生经常存在刻板印象。有些家长甚至会对孩子说："你这样的情况，读到毕业就算了，尽快出来帮家里挣钱。"这样的刻板印象对于中职学生形成自我概念、确定职业目标、生涯规划时都产生了负面影响。

心海导航

中职学生学习目标不明确是比较常见的问题，因此针对中职学生学习目标不明、对前途感到悲观等提出以下几点建议：

⭐ 全面认知自我。寻求心理健康老师的帮助，从各个方面认知自我，从自身的优点、缺点等各方面认识自我，既认识自己的优点，也认识自己的缺点，同时又能找到自己的兴趣爱好和特长。

⭐ 寻找榜样。我们可以去了解优秀学长的事迹，去翻阅优秀毕业生的创业风采。在榜样身上找到力量，学好一技之长，同样可以有美好的未来，开辟广阔天地。

⭐ 开展职业规划。对于特别迷茫的学生，我们要及时进行合理的职业规划，进行短期目标、中期目标、长期目标的设置。可以求助学校的心理老师，运用专业测评工具，了解自己，从而规划职业生涯。弄清楚自己喜欢做什么、自己能做什么、社会需要什么，找到一条真正适合自己的路。

8 我参赛压力过大，怎么办

心灵迷思

市技能大赛备赛小组由四人组成，分别是高一新生a，高二学生c、d，以及高三学生b。与有参赛经验和训练经历的其他三人相比，a的经验明显不足。a对自身条件有客观的认识，但并不刻意追求参赛资格，参加比赛的目的是强化学习技能，因此他在训练中虚心请教，勤奋努力，认真完成老师交办的各项学习任务。其间，他得到了学长们的关心和帮助，彼此之间建立了深厚的友谊。在繁重的学习任务中，他们很快迎来了参赛资格的选拔考试，考试内容包括技能展示和题库背诵两部分，b顺利晋级，c和d虽然技能水平较高，但对题库掌握不熟练，a虽在两部分均不占优势，但英语发音十分标准，让评委老师眼前一亮。经反复衡量和综合判断，最终a获得参赛资格。a感到压力很大，这个选拔结果反而给a带来了很大的困扰。

心路探究

a的困扰来源于压力，压力主要有三个方面：一是与学长感情深厚，觉得自己取代学长参赛，内心有愧，信心不足；二是与高三学长同台竞技，技能水平相差较大，心理落差明显；三是高强度枯燥的模拟训练，苦闷、厌烦情绪滋生。以上种种情况导致a压力过大，情绪几度失控，几次询问辅导老师为什么选择他？一再追问为什么不能等他沉淀两年后再参赛？为什么明明有比他优秀的人，却偏偏选择在技能上不够优秀的他？在几次训练中，甚至大发脾气放弃训练。

这是一个关于中职新生参加技能大赛压力过大的典型案例。许多中职学生刚进入高中都会遇到各种各样的问题。出现压力过大问题的主要表现为易怒、烦躁、焦虑紧张，有时让人感觉迷失自我，甚至有时让人感觉处于崩溃与怀疑自己的边缘，阶段性的食量大增或食欲不振，厌烦监督、抱怨，对自己没信心，害怕自己与别人的差距会越拉越大。参赛压力过大的原因可以从以下几个方面来解释：

首先，适当的期望值对目标的实现最为有利，但期望值过高会引起不良的效果。在训练阶段，总是有一些学生对自己的操作技能水平缺乏全面的认识，对自己有很高的期望。自己本已竭尽全力，但技能还是不如其他已经训练一年多的同学，而看到其他同学的技能水平不断优化，从而感到一种潜在的威胁，焦急、紧张，迷失自我。

其次，为比赛成绩的担忧，也是造成心理压力过大的原因。比赛结果对于参赛者的重要性不言而喻。选手绝大多数都有拿奖的渴望，希望能取得一等奖，特别是能冲进省赛。他们把市赛的成败当成自己能否参加省赛的一个"跳板"，认为一旦市赛成功，就能前进一大步。然而，比赛毕竟有很强的竞争性，并不是每个人都能如愿以偿，这就必然引起选手对比赛成绩的过分担忧，从而导致内心不安，每天都承受着巨大的精神压力。

再次，训练任务繁重，这是导致参赛者心理压力过大的关键所在。指导老师为了提高选手的技能水平，每天为学生制定高强度的训练计划。另外，为了提高选手的操作技能，学生必须放弃周末时间来训练只能把自己埋在实训室里，没日没夜地练习。当长期辛劳而技能却得不到提高时，学生往往会因此失去学习的兴趣和信心，陷入极度的悲观、焦虑之中。

最后，训练计划难以实现，许多选手到了比赛的前几周，会进入训练的"高原期"。表现为选手在赛前阶段，制定了比较严密的训练计划和目标，但是在实际训练过程中并不能很好地执行。一方面是因为老师制定的看似比较有效的训练计划并不切合选手的实际情况；另一方面是因为每天不确定的训练状态，要占用不少学习时间。这会导致严密的训练计划不能完成、训练目标无法达到，就会让人心烦意乱。

心海导航

针对比赛选手压力过大，如何进行调整，有如下建议：

★ 调整期望值，适当减压。我们需要正确认识自己，给自己一个合理的定位。要知道任何大赛的获奖选手能把技能掌握得如鱼得水，都是在前期经过刻苦训练才达到的，任何人在技能训练期间都会磕磕碰碰，也常常会产生技不如人之感。因此，我们首先要有平和的心态，再分析自己的实际情况，制定适当的目标。辅导老师可以鼓励学生根据平时赛前模拟的情况，衡量阶段练习目标与技能的差距，如学生某些技能和知识薄弱，以此来决定比赛前的侧重点、方法等，然后制订达到目标的详细计划，如分几个阶段来实现、怎样实现、应注意哪些问题等。

★ 强化成功体验，增强自信。我们在备赛过程中，一定要有自信心。要消除苦闷、自卑的心理，增强自信心，可以从以下三方面去训练：一是找老师或要好的同学，请他们帮助分析我们过去和现在的状况，记住他们对自己肯定和鼓励的话，要把这些话当作前进的动力。二是培养自己学会积极的自我暗示，每天训练后，可以回想自己一天的收获，对自己一点一滴的收获进行自我肯定。比赛前，要多想有把握成功的条件，让好的成功情景浮现在自己的脑海中，坚信自己平时学得扎实，比赛时一定能比好。三是要善于发现自己微小的进步，如本次技能操作成绩比上次技能操作成绩多了几分、某个细节做好了而多得了几分等，用不断取得的小成绩来激励自己，要学会发现自己的长处，哪怕是细微的进步都值得肯定，以增强学习信心。

★ 想象成功的比赛场景，赛前模拟比赛，不以模拟战绩论英雄。模拟成绩虽然对正式比赛有一定的参考价值，但不能以此论英雄。最好是把赛前模拟仅作为一次对技能掌握程度的检验。

★ 活在当下，不去思考为什么让我们参加，专门去想有利于发挥自己最佳状态的方法，比如，这是一次很好的锻炼机会，这是老师慧眼识人，我们要全力以赴。

 我竞赛失败后一蹶不振，怎么办

小新是一个职高三年级的学生。小新每次考试成绩都是班级第一名，因此在同学眼中，他是一个品学兼优的学生。小新也觉得自己的成绩还不错，只要自己不断努力，就能够冲刺本科。但是，在一次数学竞赛中，小新却发挥失常，考得较差。从此，小新一蹶不振。他时常怀疑自己的学习能力，觉得自己的学习成绩很不好，担心高考时会再次失败，并且觉得自己做什么都不行。为此，小新变得十分焦虑，晚上也会失眠，每天都郁郁寡欢，严重影响正常的学习。

心路探究

竞赛失败是学生在学习生活中经常遇到的事件。有些学生能够及时地调整自己的心态，将竞赛失败当作自己未来成功的一次历练。但是有一些学生却难以承受竞赛失败，从此意志消沉，一蹶不振，这在平时成绩较好的学生中更为常见。那么有的学生为什么会在一次竞赛失败后就一蹶不振呢？

学生对于竞赛的不合理信念会造成竞赛失败后的一蹶不振。不合理信念是指个体内心中不现实的、不合逻辑的信念，即那些绝对化的、过度概括的、极端化的思想。例如，有些同学觉得课外竞赛就是自己能力突出的主要表现，如果在竞赛中出类拔萃，就能够表明自己的学习能力超乎常人。这种观念往往会导致学生在一次竞赛考试失败后，就认为自己一无是处、一文不值。完全忽略自己平时所取得的优秀成绩，也不考虑事情发生的主客观因素，这就是典型的不合理信念的表现。学生在竞赛失败后常常会觉得自己成绩平平，进而对自己的能力产生怀疑，觉得自己不可能考上大学，甚至觉得自己的人生都没有希望，这些不合理的信念会使学生在学习上失去斗志。

学生竞赛后一蹶不振也与个体持有的成就目标有关。心理学家尼科尔斯和德维克把成就目标分为两种类型：掌握目标和成绩目标。掌握目标就是把目标定位在掌握知识和提

高能力上，认为达到了上述目标就是成功。成绩目标就是把目标定位在好名次和好成绩上，认为只有赢了才算成功。持有不同成绩目标的个体对竞赛的态度体验是不同的。持有掌握目标的个体往往在学习中关心的是自己是否掌握了知识，不害怕失败，并认为失败是成功的必经之路。但是持有成绩目标的个体，往往有较高的焦虑水平，关注的是自己是否表现得比别人好、能否向别人证明自己的能力，因此害怕失败，认为失败是没有能力的表现，更容易在竞赛失败后失去信心。

心海导航

学生经历一次竞赛失败之后就丧失信心是非常不利于专业发展的，这会造成学生对自己失去信心，降低学习的动力。长此以往，不仅会对学生的学业产生不利影响，而且会影响个体的身心发展。对于一次竞赛失败就一蹶不振的学生，应当如何做呢？

★ 改变不合理的信念。当出现否定自己、认为自己一无是处，或者认为自己不可能考上大学等想法时，可以求助老师帮助我们改变这些不合理信念，调整自己的认知。认为自己一无是处，是不合理认知，也是导致不良情绪的原因。可以问一下自己，我真的没有一个优点吗？我会走路吗？我会吃饭吗？我会说话吗？

★ 及时调整竞赛失败后的消极情绪。面对竞赛失败，产生失落感、心情不愉快是正常的，通过跑步、跳绳、登山等运动，可以释放情绪。尤其是可以从这次考试中吸取宝贵的经验，重新认识竞赛失败的意义。

★ 调整不合适的成就动机，关注掌握目标。我们要明白学习不是为了分数，更应该注重学习内容的价值和意义，感受获得知识所带来的乐趣和成就。在学习之后要明确自己的收获，而不要仅从分数和结果进行判断。

 我学习动力不足，怎么办

心灵迷思

小龙是机械班的学生，他参加了新生入学考试，当时的入学考试成绩是404分，可以有机会进入高职班学习。经过一番内心的挣扎，他决定去试一试，给自己一个考大学的机会，让自己的高中生活不留遗憾。可是去了高职班之后，他发现班里同学的成绩都很优秀，以他的分数在班里仅仅处于中下水平。为此，小龙感到很苦恼，一方面他担心自己的成绩可能会在高职班混不下去；另一方面小龙也为自己能不能考上大学而忧心忡忡，毕竟未来三年的高职班生活充满了变数，只要有一时的松懈和放弃，

就有可能被大学拒之门外。高一的几次考试，小龙的成绩不是特别理想，这更让他一蹶不振，并开始沉迷于网络游戏。一到周末他就通宵达旦地打游戏，周末作业对他来说都是"浮云"，他在网络游戏的世界里找到了自己的成就感、归属感，成绩越来越差，对游戏却越来越痴迷。班主任曾经在班里签订过一份《不玩游戏承诺书》，结果不到两个星期，小龙就因自控能力差、缺乏自律意识又开始玩游戏。在很长的一段时间里，他一直情绪低落，对学习提不起兴趣，上课容易走神，甚至有了戒不掉的游戏瘾。

心路探究

小龙表示自己不能持续性学习的原因，首先是成绩差从而对自己没信心，其次是老师们只关注尖子生而产生的失落心理，最后是戒不掉的游戏瘾，让自己的课余时间没有被充分利用起来。

中职学校高职班和就业班的学生，有着不同的培养目标，前者以升学为重点，后者以培养技能为目标，两者侧重点不同。从小龙身上我们看到很多高职班学生共同面临的问题：学习动力不足。知道自己要参加高职考试，刚开始有要努力学习、争取考上大学的意愿，但经过一段时间的努力，成绩未见起色，就开始意志消沉、不思进取、听之任之，甚至出现上课走神睡觉、作业敷衍抄袭、课余时间沉迷网游等消极现象。究其原因，主要表现为以下几个方面：

第一，自我效能感低下。自我效能感是指学生关于自己能否胜任某项学习活动的自信程度。一般来说，自我效能感高的学生由于对自己的学习能力充满信心，因此在确立学习目标时常常会选取适合自己能力水平又富有挑战性的任务和要求。在实际学习中常常能精神饱满地、积极主动地进行学习，遇到问题和困难时敢于正视它们，并能通过自己的努力，克服不适当的行为，采取各种方法以保证学习的成功。

而自我效能感低的学生则相反，由于对自己的学习行为信心不足，进而对学习活动和学习结果产生一种不可控制的心理，因此在确立学习目标时往往选择非常容易的任务，并且给自己提出非常低的要求，在实际学习期间时常采取消极、被动、应付的方式，不愿也不去努力，一遇到问题和困难就放弃、回避，缺乏对自己学习行为进行监控与调节的意识和行为。心理学相关研究表明，自我效能感与学习动机之间存在密切的联系，学习动机受自我效能感影响，自我效能感高会促使学习动机水平提高；反之，则会使个体学习动机水平受到抑制。

第二，缺乏自律意识，自我控制能力较差。现在00后的中职学生从小在老师、家长的呵护与约束下成长，步入中职学校学习后突然离开父母，面对相对独立、自主的学习生活，突然有种茫然感。加之缺乏明确的自律意识，自我控制能力较差，很容易受到他人的影响，特别容易沉迷于网络游戏而无法自拔。一方面，中职学生因缺乏科学的学习方法，学习能力较弱，学习成绩往往不如所愿，这也会让学生产生极大的挫败感。另一方面，为了逃避学习上遭遇的困境，中职学生很容易从手机游戏、虚拟社交中获取自信心和愉悦感，获得成就感，久而久之，容易陷入不求进取的麻木状态，学习动力自然不足。

本案例中的小龙曾是个沉迷于网络游戏的少年，直到高二暑假，小龙苦学了一个月的英语，并顺利通过英语等级考试，这让他体验到了增强自我管理能力、不断自律带来的成就感，于是他狠下心放下了游戏，和另外几个"培优生"相互监督、相互鼓励。可见，自我管理能力的提高、自律意识的增强有利于激发中职学生的学习动力，有助于学业成绩的进步。

心海导航

⭐ 内部动力"燃希望"。成功的经验会让我们形成对自己能力的信心，也是形成自我效能感最基本、最重要的途径。很多中职学生因为屡战屡败的经历让自己对学习产生了畏惧心理，因此，我们设定具体的、近期的学习目标，可以比较容易地觉察到自己的进步，从而提升自我效能感，自我效能感提升后又会促使自己设定更具挑战性的目标，循环往复，我们的学习动力也会不断增强。同时，我们要树立"努力会带来成功"的归因观，要创造条件使自己获得成功的体验，并对自己的成败进行归因，特别是积极归因，真正从内部点燃我们的学习热情。

⭐ 外部鼓励"添把火"。学生都有强烈的自尊心，非常在意他人对自己的评价。因此，在我们取得一定成绩时，主动请求老师给予积极的肯定与鼓励，充分利用表扬和评价来调动自己的学习积极性。一句鼓励的话语、一个温暖的微笑、一个肯定的眼神都可以让我们心头一热。我们会因为得到老师和家长的肯定而增加更多的学习行为，在内部和外部驱动力的共同作用下，学习动力也会增强。

⭐ 榜样引领"齐发展"。榜样有激人奋进的力量，找那些专业技能强、操作水平高的学生作为自己的榜样。榜样来自身边，更能激发自己向优秀同学看齐、努力学习技能的信心。争取机会在全体同学面前做展示，是对自己能力的一次表现，可以强化自我效能感。

没有考入理想高中不愿学习，怎么办

小亮是职高一年级的学生，在进入职业高中以前是市重点中学尖子班学生，基本不让家长操心，而且学习成绩特别好，是老师眼中的好学生、父母眼中的好孩子。在

中考的时候，小亮一直想考一所理想高中，但因中考发挥失利没能进入该高中学习，不得已来读职业高中，小亮从此一蹶不振。近来老师反映他上课时会心不在焉，当老师提醒他时，他却认为明天再学也不迟，反正自己基础好。渐渐地，他不会的知识越积越多，成绩很不理想。虽然小亮上课只要努力听，还是能够听懂，但他就是不想好好听课，看到书本就觉得无聊，不甘心自己读职业高中，结果连职业高中也没有读好，他开始自暴自弃，甚至提交退学申请。

心路探究

造成小亮成绩一落千丈、不愿学习的原因首先是家庭因素。他是家里的独生子，父母忙生意，小亮因为照顾生病的奶奶落下了很多功课。因为照顾奶奶影响了学习，小亮不但没有得到父母的理解，反而被批评学习不认真。他在情感上受到了打击，一时想不明白，心情不好。其次，他进入职业高中，学习环境发生了改变，学习风气没有初中的重点班那么好，老师也没有特别重视他。职业高中有了新的学习任务，课程难度加大，有些学生对新的环境不适应，很难以充沛的精力完成学习任务。小亮认为自己本该是重点学校的学生，不小心来到职业高中，心理上还没能完全融入新的环境。等他反应过来，想要好好学习的时候，其实已经积累了很多问题。另外，作为中职学生，我们正处于自我意识的第二个飞跃期，在心理上会出现成就感和挫折感之间的矛盾，我们渴望成功，但是又担心遇到挫折，所以就会以回避的心态来面对学业问题。

社会适应的主要机制是个体充分发挥自己的潜能，主动地解决情境中面临的问题，改变环境使之适合自我的需要。研究表明，个体在遇到新情境时，一般有3种基本的适应方式：一是解决问题，改变环境使之适合个体自身的需要。二是接受情境，包括个体改变自己的态度、价值观，接受和遵从新情境的社会规范和准则，主动地做出与社会相符的行为。三是心理防御，个体采用心理防御机制掩盖由新情境的要求和个体需要的矛盾产生的压力和焦虑。心理防御在一定程度上否定、歪曲、曲解现实，其作用通常是个体没有意识到的、自动的，主要有压抑、投射、合理化、反向作用等。大多数个体能成功地适应变化的情境。成功的社会适应能使个体在社会中、工作中以及维持家庭和社会人际关系中，不断发挥作用并体验到舒适和满足感。

心海导航

针对学生不愿学习的问题，可以采用以下措施进行调整：

★培养学习兴趣。增进学习的趣味性，积极参加学校组织的职业技能大赛等，在实践中尝试、练习。在活动中取得一定的进步和成就，学习兴趣也会随之建立起来，从而促进学习。

★ 积极调整心态。主动找老师谈心谈话，让老师多方面了解我们的现状和思想状况，有针对性地对我们进行帮扶。还可以开展学伴计划，与学有余力的同学结对，利用同伴的力量帮助我们更好地学习。

★ 可以改变不合理的认知。求助学校心理健康老师，改变成绩不好就会被特殊对待等不合理的认知。想象以前学习最好时的感觉，找回以前好的学习心态，提升自己的自信心与能量。

12 高三考前焦虑，怎么办

心灵迷思

小王是一名高三女生。自从升入高三后，小王妈妈便要求她争取考上本科，同学们都说小王很聪明，班主任也把小王当成班级的重点培养对象，给予很高的期望。小王自以为自己数学很好，但最近的数学考试成绩都很不理想，她开始怀疑自己的实力，一上数学课就头痛，上课走神，遇到难题更是恐慌。晚上睡不着，甚至彻夜难眠，厌食。小王对数学的学习状态已经影响到其他学科的学习，其他学科成绩也有所下降。现在小王一听到考试心里就害怕、烦躁，掌心出汗。看到有的同学在超过自己，小王的内心压力更大，很担心自己因为成绩下降被别人瞧不起，辜负了父母、老师的期望。

心路探究

这是一个关于高三学生考试焦虑的典型案例，许多高三的学生都会或多或少地感受到高考的压力。学生一旦产生了这种情绪，就常常会出现失眠、紧张、厌食等问题，无法安心学习，严重影响了学生的正常学习。高三学生出现考试焦虑的主要原因可以从以下几个方面进行解释：

学生的自我效能感低是造成学生考试焦虑的一大原因。学业自我效能感是指学生对自己的学业能否成功达到某一标准的主观判断。当学生进入高三阶段的学习之后，学业就会变得十分紧张和繁忙，学习内容越来越难，作业越来越多，学习时间却越来越少，这就会使部分学生无法适应这一紧张的学习环境。当学生经历过多次考试挫折之后，便会对自己的学习能力失去信心，觉得自己在学习上已经无法突破自我，并认为自己在考试中无法取得优异的成绩，从而对自己的学业产生较低的自我效能感。学业自我效能感较低的学生会在学习上产生一种无助感，认为自己无法顺利通过即将来临的考试或者无法在考试中取得理想的成绩，想要逃避考试却又没有办法，进而产生考试焦虑。

"罗森塔尔的负效应"也是高三学生考试焦虑的一个重要因素。所谓"罗森塔尔的负效应"是指老师在不了解学生心理状态的前提下，对学生存在过高的期望，从而对学生的学习起阻碍作用的现象。当学生进入到高三之后，学校的老师、学生的家长以及亲戚朋友都会对学生存在过高的期望。他们对学生的学业成绩格外关注，期望学生能够考个好成绩，对学生成绩的起落也非常敏感。家长、老师和亲戚朋友对学生考试成绩的高期待在无形中便会给学生造成极大的心理负担，使得学生面对考试的来临突然感到紧张，轻过程、重结果的问题再一次凸显，老师、学生、家长，所有人的焦点全都聚集在考试成绩上，从而使学生渐渐表现出一种焦虑状态。

对于考试的片面认知也会造成学生的考试焦虑。高考对于高三学生来说至关重要，高考的成绩决定着学生能够读什么样的大学。因此一部分学生就会将高考分数看得十分重要，甚至片面地将考试分数直接与自己的未来挂钩，认为只有考一个较高的分数才能够读一个好大学，才能找到一份好工作。学生对高考的片面认识使其对待考试无法放松心态，于是精神高度集中，每天认真学习，甚至有一部分学生不能够做到劳逸结合，造成睡眠缺乏、紊乱、过度疲劳，从而影响大脑正常的生理功能，致使头昏脑涨，记忆力下降。因此，学生会逐渐对高考产生一种焦虑情绪。

心海导航

针对高三学生的考试焦虑问题，有以下建议：

⭐ 设立合理目标。学习目标的设立不要太高，要从实际状况出发，根据最近发展区，设立一个只要努力就能够达到的目标。找老师一起制定一个短期可达到的目标，如成绩提升五名并保持稳定，考上一个力所能及的大学，包括明确目标学校等。

⭐ 学会劳逸结合、科学用脑。睡眠对记忆有促进作用，所以对于高度紧张的高三学生来说，午睡是必需的。午睡可以保证下午和晚上的高效学习，对早晨和上午所学知识的记忆也有促进作用。

⭐ 树立学习信心。采用"小步子原则"，寻求老师帮助细化学习目标，每当我们完成一个小目标时，老师便及时地给予适当鼓励，不断提升我们对学习的自信心，从而提高我们的学业自我效能感。

⭐ 安排必要的心理疏导。其实备考前学生出现焦虑并非偶然现象，而是一个普遍现象。因此在考前对高三学生进行心理疏导是必要而且非常重要的。采取团体干预与个别干预相结合的手段是行之有效的，同时，应学会自我放松和心态调整。

13 做事效率低，有"拖延症"，怎么办

心灵迷思

天天是一名高一的学生，进入班级之后她就被老师注意到了，不是因为她的成绩或者是个性，而是因为她的"拖延症"。天天不但是个慢性子，说话慢慢吞吞，而且做事更慢。作业每次都是最后一个交，有的时候甚至完不成，要拖到第二天下午才能交上。天天的家长说："孩子每天完成作业都要到很晚，在做作业的时候也看不出她走神，看上去一直在聚精会神地做，但是就是做得很慢，每道题都要思考很久。"在学校里老师交代的一些任务天天也会做得很慢，其他同学都已经完成了，她才做了一小部分。不管是简单的事情，还是困难的事情，在她手里需要的时间都很长。一开始老师会经常催促她，但是因为一直没有效果，所以后来就不再催促她了，对她的关注也变少，天天的成绩也越来越不好。

心路探究

学生做事效率较低，可能与其先天的气质有关。气质是与生俱来的，是表现在心理活动的强度、速度、灵活性与指向性等方面的一种稳定的心理特征。相比于性格、能力，气质更具有稳定性。气质类型是对人的气质所进行的典型分类。气质的四个类型，即多血质、胆汁质、黏液质、抑郁质。通常来说，像天天这种情况，可以断定她属于黏液质的气质类型。属于黏液质的大多人都是比较安静的，他们往往情绪平稳，思维灵活性较差，但细致周到，稳重踏实，沉默寡言，在人际交往中较为被动，个体说话反应慢，行为不灵活，且较为刻板，容易拖拉。

另外，过分追求完美、害怕失败，也是学生有"拖延症"的重要原因之一。一般来说，心理问题是个人的自我矛盾，由于内心的冲突过于强烈而产生心理不适。一些完美主义者，对自己和别人的要求都非常严格，然而事实上，他们很难达到自己满意的状态。于是在这种矛盾中，完美主义者渐渐被淹没，始终不满意自己和别人做的事情，便产生了拖延心理，做事效率降低，最终导致"拖延症"。天天每天都做作业到很晚，而且每道题都思考很久，老师交给她的任务也做得很慢，有可能天天就是过分追求把事情做完美，而导致效率低。一个人对自己要求越严格，越追求完美，就越会期待自己做的所有事都是无懈可击的，期待所完成的事情得到大多数人的认可，而正是这样的一种期待，造成了拖延的

行为。

最后，不良的行为习惯也会导致学生做事效率低。有些学生可能本来做事积极，而且效率高，但是由于经常处在一种嘈杂的环境中，从而影响了学生注意力的集中，渐渐地，做事效率降低，并形成了这样一种行为习惯。学生要再想把这种不良的行为习惯改过来的时候，却发现已经太晚了，怎么努力也不见太大的效果，慢慢便形成了"拖延症"。

心海导航

严重的"拖延症"会给个体的身心健康带来消极影响，如出现强烈的自责情绪、负罪感，不断地自我否定、贬低，并伴有焦虑症、抑郁症等心理疾病，因此一旦出现这种状态，就需要引起重视。为了解决"拖延症"，我们给出以下建议：

★ 针对个人气质导致的行为拖拉，我们要理解与补偿措施并重。一方面，人与人之间的气质差异是先天的，是受个体的神经活动过程所制约的。有些孩子一出生，就爱哭爱闹、非常活跃（气质类型属于多血质），而有些孩子却较为安静、行动较慢（气质类型属于黏液质），这些都是气质的差异。对于黏液质的孩子，应给予他更多的时间去完成任务，先让他顺应天性去发展。另一方面，要想改变拖延行为，我们需要进一步采取一些措施。例如，制定事务时间表，记录每件事花费的时间，逐步加快做事速度，给予奖励。根据强化理论，适当的奖励有助于增加某种行为出现的概率。因此，当自己有进步的时候，给予自己一定的奖励，可以刺激自己更加努力，提高做事的效率。

★ 针对害怕失败、追求完美导致的行为拖拉，我们首先要树立正确的认识。追求完美的人往往认为，只有完美的结果才是可接受的。但我们要明白，完美是相对的，不能等万事俱备才开始行动，这样反而可能会导致失败。同时，我们要降低任务的难度，使自己获得成功体验，提高自信心，减少回避行为。追求完美的人也有可能是对自己信心不足的人，因为害怕失败，便在任何事情上都追求完美，结果可能力不从心，导致失败。这种失败的体验又反过来加剧了我们的不自信。所以，培养自信心也是改善行为拖拉的有效措施之一。

★ 针对习惯导致的行为拖拉，我们应采用行为主义强化原则进行行为矫正。有些学生习惯了做事拖拉，这种行为习惯很难靠自己的力量加以改变。我们可以运用行为主义强化原则对其进行矫正。强化有正强化（给予奖励）与负强化（撤销惩罚）之分，无论是正强化，还是负强化，都能增加行为反应发生的概率。而行为矫正，正是运用逐步强化来塑造良好行为，通过消退（不给予强化）来消除不良行为。例如，我们要消除做事拖拉的行为习惯，首先要认识到拖延的坏处，然后当按时完成任务的时候给予奖励，当不能按时完成任务的时候不给予奖励，相对地，还可以给予一定的惩戒。这样，才能够更好地解决拖延的问题。

★ 用一个与拖延相反的好习惯代替拖延，例如，用马上开始行动、又快又好地完成任务的方式代替拖延，努力培养好习惯，提高任务的执行力。

14 父母的高期望导致自身压力过大，怎么办

心灵迷思

小超是职高二年级学生，成绩优异，人缘较好。但是每次回到家之后，当小超不在学习时，父母就觉得小超不认真学习，并且时常责骂小超，说道"你成绩不好，高中都考不上，现在有机会继续学习，却不知道努力学习，每天就知道玩"，小超觉得很委屈。到了学校之后，每当小超想和同学们一起玩时，就总是会想到妈妈的叮嘱。甚至有时只要学习稍不留神，就会觉得自责内疚。为此小超每天精神高度紧绷，不敢有丝毫的松懈。对于小超来说，学习就像一块巨石一样压在自己的心中。承受超负荷压力的小超每天都睡不好，有时甚至会出现腹泻、恶心等症状。

心路探究

适当的压力对于我们的生活是必要的，它构成我们学习和工作的动机，促使我们在枯燥的学习和工作中坚持下去。但是，如果我们长时间处在高压环境中而得不到休息，就很容易导致压力过大而出现各种不适症状。耶克斯－多德森定理的动机理论认为，动机强度与行为效率之间呈倒U形曲线关系，也就是说，中等强度的压力动机是最有利于学生完成学习任务的。而且，压力的最佳水平随任务性质的不同而不同：在比较容易的学习任务中，学习效率随压力动机的提高而上升，随着学习任务难度的增加，压力的最佳水平有逐渐下降的趋势。成绩优异的学生非常在意自己的成绩，把学业成绩作为自我评价的重要部分。在这种情况下，学生十分担忧学习成绩下降，并由此产生一系列的焦虑状况。而过高的压力又会影响学生的学习效率，从而导致成绩的下滑，引起学生的焦虑。因此，学生对自己学业成绩的过分担心反而可能导致成绩的下滑，而成绩的下滑又进一步加剧了这种忧虑，就会陷入一种焦虑怪圈，从而导致压力过大。

家庭环境是孩子成长的重要影响因素，父母的一言一行都会对孩子造成很大的影响。但是，父母过度的期盼容易导致学生压力过大，使其很难产生对学习的正确认识。学习的乐趣逐渐丧失，学习成了压力下的被迫学习。像小超那样，由于感受到父母过度的压力，有时放松一下也会感到自责，每天精神高度紧张，渐渐地，他对学习失去了乐趣，学习变成一块巨石压在他的心头。心理学动机理论认为，动机一般可以分为内部动机和外部动机。内部动机指的是因某一活动本身对人的意义所引起的动机，而外部动机是由个体所从

事的活动以外的刺激（如奖赏）诱发而产生的动机。通常来说，内部动机对于我们的学习更加有利。内部动机如好奇心、求知欲能促使我们在枯燥的学习生活中坚持下去，即使遇到困难，强大的内部动机也能为我们提供动力，促使我们不断去思考、解决问题。而外部动机如奖励和惩罚、表扬和批评，在一定的时间里能够改善我们的学习行为，但持续的时间并不长，效果不如内部动机。另外，如果学习长期依靠外部动机，学生只是为了获得长辈们的赞许或认可而去学习，那么在学习遭遇挫折的时候，就会造成学生压力过大，学习成了压力下的被迫学习。

心海导航

学生学习压力过大，不仅会影响学习和生活，严重的话还有可能造成身体不适，引起身体疾病。为了减轻负担，避免压力过大，提出以下建议：

⭐ 寻求家长支持。请家长不要给孩子太大压力，降低学习期望。在家庭里为孩子营造一种适合学习的氛围，让孩子在学习之余能够得到适当的放松和休息。父母需要知道在学习的过程中压力过大，反而会影响学习。

⭐ 关于成绩的退步，要从外在、可控等方面进行归因，而非从内在、不可控等方面进行归因。韦纳的归因理论认为，归因的内外维度影响个体对成败的情绪体验，可控性维度会影响个体今后努力学习的行为。因此，从外在、可控对成绩退步进行归因，我们可以明白，这种退步的原因是外在的、可以控制的，并非自身能力不足，这可以降低我们对自己能力的不自信，减少自身的焦虑。

⭐ 寻求老师的帮助。主动发现学习的乐趣，从功利主义目标转为个人自我实现的目标。认识到学习是人的本能，而不是外在压力下的被迫行为。心理学家奥苏贝尔将学习动机划分为附属内驱力、自我提高内驱力和认知内驱力。如果我们的学习动机只属于附属内驱力，也就是说我们学习知识只是为了获得家长们的赞许或认可，这种功利主义的学习目标显然对学习是不利的。我们不应把学习看作是一种难以忍受的折磨，而是要去享受学习带来的乐趣，从而减轻学习的压力。

⭐ 学会为自己减压。即使父母对自己的要求很高，我们在学习的过程中也要沉得住气，一味地强迫自己学习只会适得其反。我们应该适当地为自己减压，及时调整休息，从而以更好的精神面貌去面对接下来的学习生活。应对压力首先要面对压力，找到自己的支持系统，变被动为主动。

15 只爱运动而不爱学习，怎么办

心灵迷思

小宁是一位职高一年级的学生，在初中时他是学校篮球队的主力，曾率领球队多次在市里拿过冠军。来到职业高中后，也进入了学校的篮球队。但最近小宁对学习的兴趣越来越少，他认为学习没有什么用，自己只要篮球打得够好，就能凭借打篮球找到一份称心的工作，小宁的理想就是当一名职业篮球运动员。一开始小宁在晚自习的时候会偷偷溜出去打篮球，被老师抓到几次之后，小宁不但没有停止这种行为，反而变本加厉，在正常上课的时候也想办法逃课去打篮球。由于在学校里面打球容易被抓，小宁就翻墙跑到校外去打球。被学校抓住后小宁受到了记过处分，但是他始终认为打篮球比学习重要得多。

心路探究

中职学生的心理健康已经成为关系其教育及成长不容忽视的问题，日渐引起全社会的广泛关注。上述案例表现出来的主要问题是因为有其他兴趣爱好而厌学，而厌学是中职学生最常见的问题之一。

青少年时期是身心发展的重要阶段。这个阶段，我们的生理快速发育，第二体征变得明显，自我意识增强，进入逆反心理的反抗期。处于该时期的我们在心理和行为上往往表现出强烈的自主性，思想上相对叛逆，不轻信父母和老师的意见，有时甚至会故意做出违背老师意志的行为，不配合老师的教学工作，这时学习方面就容易出现问题。第一，在学习上找不到自己的认同感和归属感，而这时在兴趣爱好活动中获得的积极体验更加强化了我们对兴趣爱好的渴求。第二，自制力差会使我们过分迷恋兴趣爱好。第三，精力有限。在兴趣爱好中消耗了大量的精力，没有多余的精力从事学习活动。加上中职学生多半没有严格的自控、自律及明辨是非的能力，在学习的有效管理及心理的健康成长方面就会遇到很多问题，容易变得只爱体育运动而不爱学习。

心海导航

教育的目的是促进学生身心健康发展。只有认真探索和遵循学生的心理活动和心理发展规律，才能取得应有的教育和教学效果，那么如何改善学生的厌学情绪呢？

⭐ 首先，针对有强烈兴趣爱好的同学，我们可以运用普雷马克原理激发自身对学习的兴趣。普雷马克原理强调用个体喜欢的事物去激励个体做不喜欢的事情。对于小宁这样的学生，可以通过打篮球激励学习。例如，只要认真学习一周，然后班级就可以组织篮球赛。

⭐ 其次，安排固定时间，满足兴趣爱好。在符合学校规则的范围内打篮球。高效地完成学校老师布置的作业，争取更多的时间打球。与班主任沟通，请求支持理解，给自己创造一个较好的运动环境。

⭐ 最后，我们要学会适度运动，把控时间。学习和兴趣爱好是同等重要的，在培养兴趣爱好的同时，也要注重学习。合理分配时间，制定计划并严格执行是既满足爱好又能学习的好方法。如制定每天运动几个小时的计划表，严格执行。必要时辅助自我惩罚措施，以养成良好的学习习惯和运动习惯。

 上课经常走神发呆，怎么办

心灵迷思

小刚是一名高一学生，他在学习时总是会走神，前一刻还在听老师讲课，后一刻就思绪飞扬，幻想各种游戏、漫画场景。老师也多次提醒，但是小刚认为自己不是故意的，是不由自主的，他本人也想集中注意力。小刚说他一直以来注意力不集中，难以集中精神学习，自己也很苦恼，他自己控制不了。慢慢地，小刚认为自己就是个不能集中注意力的人，上课发呆成了他的常态，该怎么办？

心路探究

由于对走神的发生难以进行客观的测量，以往研究者提出了许多不同的理论假设来描述走神发生和维持的过程。其中，比较常见的有以下三种理论假设：

第一种理论是"元意识假设"。该假设认为，个体具有一种动态的自我监控能力，即能够意识到其思维是否以及何时偏离了当前的主任务，并能将注意资源转移到主任务中，以阻止未来可能产生的走神。这种假设认为，个体能了解当前的心理活动和目标状态，并能够采用较好的策略调节注意力，以抑制和预防不必要的走神发生。也就是说，在执行任务过程中，元意识间断性地出现有助于减少走神的发生，并且伴随着警觉性水平的周期性

上升。

第二种理论是"解耦合假设"。该假设认为，走神是内部思维活动从外部环境中脱离，并独立地与外部任务竞争注意焦点的现象。换句话说，走神是一种解耦合的过程：注意与知觉信息和外部任务信息解耦合，同时与内部加工耦合。"解耦合假设"强调走神过程的持续性，认为维持走神是需要消耗认知资源的，因此走神时才会导致外部任务完成情况不佳。

第三种理论是"执行控制失败假设"。该理论认为，走神反映的是一种执行控制上的失败，而不是对执行资源的消耗。执行控制的作用是调节和维持持续的外部注意并抵抗分心刺激的干扰。当执行控制难以抵制内部分心的干扰时，走神现象就会产生。也就是说，决定走神产生的因素主要有以下两个：第一，出现自发产生的且与个人目标相关的思维；第二，执行控制系统没有能力抵抗干扰信息。支持该假设的研究显示，在执行控制任务中，走神的发生概率与错误次数的增加呈正相关。

心海导航

身体姿势的变化会影响走神，在躺姿状态下的走神的频率远高于其他身体姿势（站姿和坐姿），同时对阅读理解的准确率也在躺姿状态下达到了低谷。容易发生走神的同学可以尝试站着学习。

短期正念呼吸冥想可以减少走神的发生。

⭐ 坐式冥想是正念冥想中最普遍、最初级的一种方式，而且操作简单，在任何地方都可以进行，只需要在自己的世界里找一个安静的角落就可以了。练习者以一种固定且舒适的姿势坐下来，但是不要让身子塌下来，比如在一个舒适的沙发上或者在习惯睡着的地方躺下，然后把注意力集中在此时此刻的经历中，比如呼吸。

⭐ 行走冥想是一种不经常用到的冥想方式，但是又有其独特性。行走冥想练习要求练习者去觉察脚与地面接触时、身体重心转换时以及所有在行走过程中出现的感觉体验。

⭐ 身体扫描要求练习者首先关注自己的呼吸，然后直接而系统地对身体的每一个部位轮流进行关注。该练习要做的只是单纯地去觉察当前的时刻，不需要练习者改变体验世界的方式，也不是让练习者变得放松或者冷静，目的是让练习者系统地对身体的每一个部分轮流进行关注。同样，当练习者出现走神状况时，就用关注呼吸的方式进行调整。一般一次身体扫描需要45分钟才能完成，相对于其他方式而言所需时间较长。身体扫描练习会让练习者在整个练习过程中都能够感受到身体的细微变化。

17 我总是记性不好，怎么办

心灵迷思

小赵是一名高一学生，他一直很想努力学习，但又觉得自己"不是这块料"。他认为自己智商不高，具体反映为记忆力差，别人半个小时能背下来的内容，他要背两天。他记忆东西特别困难，因此，学习成绩一直不好。因为记忆力不好，他对自己很没信心，不想学习，已经有自我放弃的倾向了。

心路探究

记忆和其他各种心理活动一样，也是有一定客观规律可循的。遵循和掌握记忆的客观规律，有利于我们增强记忆力，提高学习和工作的质量与效率。

1. 时间律

在记忆活动中，时间是一个很重要的因素，记忆的效果总是和时间条件构成各种复杂的关系。记忆保持的最大障碍就是遗忘。对于曾经识记过的事物，不能再认和回忆，或者再认和回忆时发生错误，这种现象就是遗忘。遗忘是人正常的生理和心理现象，是记忆的对立面，记忆与遗忘是同时并存的，没有孤立的记忆，也没有单纯的遗忘。

德国著名心理学家艾宾浩斯是对记忆和遗忘现象进行实验研究的创始人。在实验中他自己充任主试者和被试者，以无意义音节为实验材料进行实验，采用节省法检查识记效果，持续数年之久。艾宾浩斯的研究是一种开创性的工作，他使记忆这种比较复杂的心理现象得到了量化研究，并绘成著名曲线——艾宾浩斯保持曲线。

2. 数量律

记忆的效果如何，与识记材料的数量有直接关系。研究表明，在学习程度相等的条件下，识记材料的多少与保持量成反比。在一次记忆活动中，识记材料的数量愈多，则记忆得愈难愈慢；反之，材料的数量愈少，则记忆得愈易愈快。有实验证明，识记5个材料的保持率为100%，10个材料的保持率为70%，100个材料的保持率为25%。即使是有意义的材料，虽然不像无意义材料那样明显，但其发展趋势是相同的。大量心理实验证明随着识记材料数量的增加，识记需要的时间也不断延长，数量增加越多，时间延长越多，遗忘率也随之大大增加。

3. 迁移律

这条规律包括正迁移和负迁移两种。凡是先后两种记忆活动相互促进，发生积极作用的称为正迁移，如学习加减运算有助于对乘除运算的掌握，而后续的乘除运算又有利于更深入地记忆和理解加减运算，这就是学习和记忆的正迁移、正干涉。凡是先后两种记忆活动互相妨碍，发生消极作用的称为负迁移。

为什么识记材料首尾部分记忆效果好而中间部分容易遗忘呢？主要原因就是前摄抑制和后摄抑制的干扰，使记忆者对材料中间部分的识记发生困难。先前的学习与记忆对后继的学习与记忆的干扰作用称为前摄抑制，后继的学习与记忆对先前学习的保持与回忆的干扰作用称为后摄抑制。识记材料的开始部分无前摄抑制影响，末尾部分没有后摄抑制影响，中间部分要受前摄和后摄双重抑制的干扰，因而识记后容易遗忘。

心海导航

为了防止遗忘，我们就应采取相应的方法来提高记忆效果。为此，应当及时复习，在记忆犹新的时候就进行复习，"趁热打铁"。

★ 在一定的时间内识记的数量不宜过多，学习应遵循记忆的规律，不宜贪多求快，否则不仅浪费时间和精力，而且会引起学习者对识记材料的消极情绪。我们应适当控制识记材料的数量，保证在一定时间内取得相应的最佳记忆效果，防止徒劳无益。

★ 在学习和记忆活动中，要合理地安排内容。对内容较多的材料，可将其分成几部分进行记忆，以防止中间部分受到双重干扰，使抑制作用减少到最低限度，从而有利于记忆效果的提高。

★ 此外，心理实验还发现，记忆过程中的学习材料相似，材料之间就会产生干扰，而先后所学习的材料内容越相似，干扰越大。其原因在于，相似的活动容易引起大脑皮层神经活动的泛化现象，从而影响记忆效果，出现遗忘现象。因此，在记忆活动中，我们应把类似的材料尽可能区别开来，对不同学科性质的材料进行交替学习与记忆，使大脑皮层的各个相应区域轮流兴奋或抑制，以提高大脑的工作效率，改善学习与记忆效果。

★ 记忆是一种能力，可以通过后天训练得到。比如，可以开发右脑，多采用图像记忆法，右脑的记忆效果比左脑更好，记忆保留时间更久。平时多进行想象力训练，比如记忆圆周率与扑克牌。

18 学优生突然学习倦怠，怎么办

心灵迷思

小孙是一名高职班的学优生，成绩在班里一直处在前三名。最近小孙反映，因为高职班有升学目标，他觉得压力很大。老师、家长都希望他能考上本科，他也一直这么要求自己，同学当中还有人戏称他为"本科孙"，认为他考上本科是没有悬念的。可是小孙自己却认为，本科线竞争激烈，上线率是几十比一，对于考上本科这件事自己非常不自信。他希望自己能表现好，可是又没有信心。最近几次考试他都没有发挥好，自己感觉到了老师、家长、同学异样的目光，并且越来越消极和沮丧。现在他一学习就烦躁，很想玩游戏，开始对学习产生倦怠心理了，不知道该怎么办。

心路探究

学习倦怠指学生由于多重压力的影响或心理因素的影响，在学习过程中产生消极、沮丧以及厌学等情绪和动机的心理状态，学习倦怠的外在表现包括个体的学习焦虑、情绪不稳定、厌学、逃学，甚至退学等行为。

学生不仅要承受来自学习方面的压力，同时还要适应来自心理和生理方面的变化，因此可能产生诸如厌学、早恋以及打架斗殴等个体行为，而其中表现最为明显的莫过于学习倦怠问题。学习倦怠的特点有以下几方面：

1. 情感耗竭

情感耗竭指个体情绪处于极度疲劳状态，由于情感资源过度消耗而疲乏不堪且精力丧失的精神状态。从本质方面看，情感耗竭是一种情感、活力和精力耗尽的感觉，同时也是一种让人感到才能耗尽、资源透支、无助和情感倦怠的心理状态。而在学习倦怠产生的过程中，学生会逐渐产生学习兴趣下降、学习精力透支、身心俱疲以及学习负面情绪不断增长等多种情况。情感耗竭是学习倦怠的核心内容，例如学生考前失眠、考试状态失常、习惯性唉声叹气以及莫名的心烦意乱等，都可能是情感耗竭的预警或具体体现。

2. 去人格化

去人格化是指一个人与社会环境相互作用而表现出的一种独特的行为模式、思想模式和情绪反应的特征。在心理学中，人格是探讨个体与个体差异的领域。生活中的去人格化现象主要表现为人格分裂、多重人格、情感隔离以及从众行为等形式。对于学习倦怠的学生群体而言，去人格化特征主要体现在情感隔离和从众行为两个方面。情感隔离主要指学生个体由于自身学习倦怠的产生而对周围的同学、朋友、家长和老师等进行情感封闭，在自身的人际交往中设置障碍。在学生学习情境中，学生由于缺乏必要的行为认知，需要从其他途径获得行为引导。根据社会比较理论，当学习情境不确定时，他人的行为最具有参照价值，因而会产生从众行为。因此，当学生个体在面临学习倦怠时，其自身行为不自觉地会朝着学习环境中的大部分群体的行为转变，如果周围学习环境好自不必说，但是如果周围学习环境相对较差，这势必会成为学生个体学习的重要阻碍因素。例如，看到周围玩游戏的人比较多，所以会忍不住想玩游戏。

心海导航

解决自身的学习倦怠问题，可以参考以下几个策略：

★ **提高自己的身体素质。** 中学阶段正是人生的重要发育期，该阶段的体育锻炼对于学生而言至关重要。通过研究可知，情感耗竭在部分情况下对于学习倦怠也会产生显著的影响，而引发情感耗竭的主要原因在于身体疲惫、身体素质等方面，因此提高自身的身体素质是首要任务。除体育课外，每天保证至少30分钟的自由锻炼时间；另外，可以开展针对性练习，主要包括跑步、铅球以及跳远等。

★ **提升心理承载力。** 心理承载力指的是当学生面临挫折、困难时，所表现出的应对、解决挫折和困难的能力，而抗逆力的高低直接体现为学生心理承受力的高低。在学习倦怠的四个维度中，除情感耗竭维度外，都与学生的心理有密切的关系。中职学生心理体系的不完善导致其对于自身所面临的问题容易陷入自我认识误区，进而产生无所适从，甚至是自我否定的情况。我们可以通过运动、倾诉等方式将内心积压的负面情绪进行及时释放，最终实现抗逆力水平的提升。

★ **提升自信心。** 提升自信非常关键的方法在于思维角度的改变，看到自己所拥有的，不看自己没有的。罗列出自己的优点，为自己制定小小的目标，一步一个脚印，每当实现一个小目标，就自我奖励，在学习过程中体验快乐与成就感。

19 我对学习不能有效纠错，怎么办

心灵迷思

小王是一名高三学生，近来他因为学业问题颇为苦恼。小王自认为学习已经很努力了，但他有一个问题：一错再错。一道不会做的题，老师讲过之后会做了，但是这

道已经学会的题，过几天他又不会做了。对于自己的这个问题，小王很苦恼，开始怀疑自己的能力。

心路探究

心理能力通常可分为一般心理能力与特殊心理能力。一般心理能力是指能够顺利完成基本任务的基础能力，如记忆力、注意力等。特殊心理能力是指可以顺利完成特殊任务的心理能力。

反思能力属于一种特殊的心理能力，需要学习者特意施加动力才能对相关特殊任务进行精细加工。伯莱克提出：反思是一种能力，即批判地考察除自己外的行动和相关情境的能力。反思能力是学习活动中较稳定的一种心理状态。反思能力是学习者在反思活动中体现出的一种监控、调节、决策的综合技能。小王的问题在于不擅长反思。反思性学习是学习者在实际学习过程中的反复思考行为，并能加工和分析这种思考行为价值的一种学习方式。

心海导航

★ 构建思维导图（mind mapping）。英国心理学家、教育家托尼·巴赞（Tony Buzen）在20世纪70年代提出了思维导图的概念，这是一种可视化的思维，知识结构可以通过这种方式呈现出可视化的状态，即学习者通过知识点的关联性所建立的可视化语义网络。中职学生在学习时利用思维导图有益于构建知识结构，掌握每节课的重难点；有益于在课堂中集中注意力，专注地学习；有益于加强记忆力并引发学生思考。

★ 整理作业错题本。错题本可以帮助学生在学习中克服不足，学会反思。错题反思在学习中尤其重要，针对自己的解题错误，分析原因，查漏补缺。让自己透过"错误"看清"本质"，看到知识上的薄弱点，重新学习巩固。

★ 学会记笔记。记笔记方便为自己所学知识点提供整合与整理的空间。学习者所记录的内容被称作"反思日志（reflective journal）"或"反思日记"。由于"反思日记"不及"反思日志"公开，隐私性更强，不可用来讨论。反思日志指学生在学习过程中，将所学知识与技能运用记录日记的方式进行反思，是一种促进学生养成反思习惯的较好方式，是为学生学习知识提供帮助的一种学习方法，能使学生的思维方式得到升华。

20 我不懂得如何进行时间管理，怎么办

心灵迷思

小文是高二学生，他是一个想好好学习的学生，可是总觉得时间过得很快，一节课做不了多少题目，总是刚一道题研究明白，就已经下课了，一天也做不了几道题。往往老师布置的练习题，他还没做完，老师就开始讲解了。他为自己不能高效地学习、快速地思考而郁闷。尤其是课外的时间，他好像没有怎么休息，又没有怎么学习，时间就不知不觉过去了。不会管理时间，怎么办？

心路探究

帕金森在其所著的《帕金森法则》中，写下这样一段话："你有多少时间完成工作，工作就会自动变成需要那么多的时间。"如果你有一整天的时间可以做某项工作，你就会花一天的时间去做它。如果你只有一小时的时间可以做这项工作，你就会更迅速、有效地在一小时内做完它。做作业前给自己一个时间的限定是非常重要的。

时间管理是一个概念，更是一种方法，每一个人都需要对自己进行时间管理，但是因为时间管理是一个虚拟的概念，很多人对时间管理没有很明确的认知，并且时间管理不仅仅是安排一下个人的日程表这么简单。时间管理有很多需要总结、计划、调整的环节，需要有一个时间管理的体系，更需要有一个学习时间管理的手段。高中正是学习时间管理的最佳时期。发现问题是好事。

据调查研究表明，高中生学习时间管理策略处于中等水平。使用情况从高到低依次为时间利用、时间计划、时间分配、时间意识、时间效率，其中时间效率最低，表现为学生时间效率性普遍不高。男女生学习时间管理策略平均得分处于中等水平，不同性别的学生在时间利用、时间意识策略水平上存在显著差异，在时间计划、时间效率、时间分配策略水平上不存在显著差异。

心海导航

★ 第一阶段，增强自己的学习时间意识。树立正确的时间价值观，进一步强化时间管理意识，意识到充分利用学习时间对学习的重要性。

★ 第二阶段，列时间计划表、规划学习计划。学校的时间安排要求学生早上 7∶30 到教室进行早自习，然后进行一天各学科的学习。我们要利用有限的课余时间，规划好每个时间段，有目的、有计划地利用时间。

★ 第三阶段，实施并调整时间计划表，通过自我监督和他人监督的方式，实施该时间计划表，为期一个月。在此期间，每周定期询问自己的实施情况，并提醒自己要根据每天的实际情况进行灵活调整，并在每周末总结计划完成进度，以达到提高学习时间利用效率的目的。

★ 第四阶段，效果反馈。通过日常行为观察和学习成绩分析，总结这一个月期间学习时间管理策略的经验，将优秀做法借鉴到生活的其他方面，也会颇有成效。

★ 另外，运用注重事情轻重缓急的四象限法则。著名管理学家史蒂芬·科维提出了一个时间管理的理论，把工作按照重要和紧急两个不同的程度进行划分，基本上可以分为四个象限。第一象限：既紧急又重要（如即将到期的任务）；第二象限：重要但不紧急（如建立人际关系等）；第三象限：紧急但不重要（如电话等）；第四象限：既不紧急也不重要（如客套地闲谈、百无聊赖地刷手机等）。他的时间管理理论的一个重要观念是应该把主要的精力和时间集中地放在处理那些重要但不紧急的工作上，这样可以做到未雨绸缪，防患于未然。

 在择业中"眼高手低"，怎么办

路路是一名高三学生，目前在学校安排的企业实习。然而，这几天路路频频给班主任打电话，说在企业坚持不下去了，要更换实习单位。经班主任了解，路路觉得实习的岗位很一般，车间粉尘多、工作时间长，他觉得自己将来肯定不会做这样的工作，他可是要干"大事"的，怎么能够委屈自己在这个车间工作呢？路路这种"眼高手低"的行为也导致他无法胜任目前的工作，在工作中频频失误，遇到这样的实习经历，该怎么办？

心路探究

大事干不来，小事不愿干，眼高手低使毕业生遭遇就业尴尬。在一次校企合作座谈会上，不少企业负责人反映中职毕业生"来得快，走得也快"，存在心态不稳、眼高手低

等现象。目前，这种不良的就业心态很普遍。中职就业班学生一离校就上岗就业，对于这一现象有以下几种解释：

首先，学生的"理想我"和"现实我"的差距所导致的心理落差。希金斯的自我差异理论(self-discrepancy theory)认为，个体自我概念包括3个部分：理想自我、应该自我、现实自我。现实自我是指个体对自己在与环境的相互作用中所表现出的综合现实状况和实际行为的意识。理想自我是个体对希望自己是一个什么样的人的自我看法。当现实自我和理想自我存在较大差异时，个体便会产生一定的心理落差。实习学生眼中的理想自我应是有着很强的工作能力，未来做着轻松的工作，挣丰厚的工资，然而现实自我却是工作能力一般、专业技能一般，只能在适合自己的岗位工作。这种差距也就导致了学生"眼高手低"的行为。

其次，浮躁的心态、过强的自尊心和双驱冲突也导致了毕业生的"眼高"。浮躁的心态，说到底就是求名、求利和两者兼得。现在求名的人变少了，而求利和两者兼得的人多了，毕业生们既想获得好名声，又想获得高利益，这便导致他们在动机上存在双驱冲突。双趋冲突是指两种以上都具有吸引力的需要目标同时出现，由于条件限制，个体无法同时采取两种行动所表现出的动机冲突。毕业生其实就是太注重人生存的本能，哪儿能给自己带来更大的收益，就奔哪儿去，以至于他们不安心工作，随时准备跳槽到更好的地方。另外，过强的自尊心也使许多毕业生"这山望着那山高"。他们盼望能超越别人，也会变得"眼高"。

最后，缺乏工作经验和自卑心理让毕业生"手低"。现在有些毕业生已经意识到了自己涉世未深、能力不足，在求职时和周围人比较，就特别容易因自身的劣势而感到自卑。因此，这些毕业生梦想着超越别人、干大事，但实际上却缺乏实践经验和工作能力，这就让自尊和自卑纠结在一起，内心有两股力量在对抗。这样极易打破毕业生的心理平衡，一方面，总是想着"别人行，我为什么不行""我在这个单位真是屈才"等，以至于持续处于焦躁不安的情绪下，久而久之，会危害心理，让他们变得冷漠、暴躁和焦虑。另一方面，一些毕业生家境好，对工作岗位挑剔，不想每天都干鸡毛蒜皮的小活儿，所以也就自然而然地频繁跳槽。

心海导航

★ 正确了解自己。都说"知人者智，自知者明"，我们要深入地了解自己，认真分析自己的优势与劣势，长处与短处；还可以通过家人、朋友、老师来进一步全方位地认识自己。一个人一旦对自己有了客观的评价，就容易把握机会，尊重现实，这对稳定就业心态是很有帮助的。

★ 寻求老师给予就业辅导。在毕业前夕，参加一系列就业主题的教育培训，进行关于就业心态、职业规划、职业价值等主题的辅导，给自己打好预防针和强心针。同时通过生涯辅导课、生涯咨询等方式认识自己。我们要多探索，加深对自己的认识，加强对吃苦耐劳精神的培养。

★ 择业就业四项法则。"择人所需",即自己要站在用人单位的角度考虑,他们需要什么样的员工,不能异想天开,只想一步到位。如果有适合自己特长的工作单位,差一点也不怕,能得到锻炼才是目的。"择业所长",如果所选择的单位或行业有发展前景,即便不是热门行业,也要降低心理期待值,投入到这些工作中。"择家所利",指的是选择职业和单位时不要总以自我为中心,要多站在家庭和亲人的角度考虑,如是否便于照顾父母;不能总是无休止地挑三拣四,要考虑家人的感受。"择己所长",即兴趣对人的工作热情起到了很关键的作用,心理学研究早就发现,做自己喜欢的事,成功率会更高。因此,不必太在意外在的东西,这才能充分发挥自身的优势。

 把学习当作"苦差事",怎么办

高一某班学生峰峰,进入高一第二个学期以来,上课总是睡觉,无精打采的。起初以为是因为暑假刚过,峰峰还没适应开学,可是直到开学一个多月了,还是不见峰峰打起精神来。峰峰坦言道,自己初中就是这样,上课睡觉,不想学习,觉得学习很累很苦。到高中后越来越明显,上课听不懂,作业越写越慢,分数自然也就越考越低。现在峰峰的学习信心越来越弱,对于学习的兴趣越来越少,怎么办?

心路探究

不爱学习,把学习当成苦差事,这是件令人头疼的事。为什么学生会把学习当成一件苦差事呢?

1. 内在动机缺失

当学生具有内在动机时,学习目的是指向学习活动本身的。学生能在学习活动中得到满足,从而产生成就感。当学生对学习没有足够的认识,只是把学习当作机械的任务,而不是自身发展所需要的活动,并在外界压力下机械、被动、应付式地学习,是不可能热爱学习的。

2. 对学习内容不感兴趣

我们常说兴趣是最好的老师。如果一个人对学习内容不感兴趣,就不会用心去学习,觉得上课、做作业都没劲。而且青少年,特别是中职学生的自控能力相对较差,在丰富的

社会娱乐的强大冲击下，学生容易被网络游戏、不健康的读物和影视作品所吸引，与这些刺激、充满神秘感的事物相比，学习生活则显得那么单调无味。学生对课程没了兴趣，进而对学业不感兴趣，讨厌学习。

3. 在学习上没有成功的体验

听不懂课，成绩不好，这些在一定程度上会让学生有痛苦的感觉。人的本能就是追求快乐，逃避痛苦，所以学生自然而然就不爱学习了。

心海导航

那怎么让学生对学习感兴趣呢？

⭐ 合理设置学习目标。根据实际设定学习目标。当我们通过努力达到学习目标时，我们会对自己的能力和努力产生自信，从而会更加努力地学习。如果学习目标过高，我们经过努力也达不到，很自然地会出现挫败感，对自己的能力产生怀疑。给自己设定一个合理目标，在作业方面也可以与老师协商，分层作业。

⭐ 明确学习的意义。每个人都离不开学习，通过学习，我们才能增强技能，获得智慧。学习是一辈子的事，我们要明确学习的意义，懂得学习的重要性，从而触发自己的学习动力。

⭐ 优化学习方法。感到学习太苦太累，除了打好基础，掌握好的学习方法也很重要。所以，我们要积极尝试改进学习方法，多与老师交流，多向成绩好的同学请教。相信方法的改善会让学习事半功倍。

人际问题

1 因恃才傲娇，被同学们孤立，怎么办

小周是一名学前教育专业的学生，有拉丁舞特长，课余时间在舞蹈培训中心担任拉丁舞教练。小周为人性格开朗，干事果敢，说话大大咧咧。一年一度的校运动会马上要开始了，入场式集体舞的组织策划当仁不让地落到了小周身上。她为选舞蹈费尽心思地上网查找，最后敲定伞舞。每天课外活动时间，小周就在操场上顶着烈日训练，排队型，一遍又一遍地纠正动作。有的同学不耐烦了，心里抱怨，已经初为人师的小周有对舞蹈教学上的严谨，看到同学们懒散，就忍不住大声呵斥，很有"严师"的派头，还不时地炫自己的舞技，这引来了同学们的非议。对于动作上的编排，小周也因同学们的懒散训练，暗自生气。为买服装搜罗淘宝，由于女生在款式上很难统一意见，小周又有些着急武断，于是渐渐地被同学们孤立了，在排练之余她也偷偷去找班主任诉苦。在班主任的协调下，虽然终于圆满完成了任务，并取得了全校第一名的好成绩。但是，小周心里却不是滋味。

成绩好、有才能的学生往往生活在备受称赞的环境中，平日里经常受到父母、老师、亲戚的夸奖，因此容易形成自负的心理。而恃才傲娇会影响同学之间的关系，无法有效调整自己的心态。针对这些困扰，可以从以下几个方面来解释：

首先是中职学生的自我评价偏差。处于青春期的学生对自己的思想、动机、行为和个性特点的判断和评价不够全面，在看到自身优点的同时无法正视存在的不足。心理学上存在邓宁-克鲁格效应，它是指个体在完成某项任务时对自己能力的评价所产生的偏差，指的是能力欠缺的人，他们往往会对自己的能力作出过高的评价，甚至超过平均水平。作为中职学生的我们非常重视别人对自己的评价，可能我们确实在某一方面有着极强的天赋，但是在其他方面有所不足。因此，虽然我们的能力还不足以完成此项任务，但我们对于自己的能力却有着过分夸大的倾向。

其次，作为中职学生的我们无法很好地处理与同学之间的人际关系，不懂得有效地和同学沟通，这是导致我们和同学之间产生紧张关系的主要原因，而观点采择可以解决人际冲突。观点采择是指我们能够从他人或他人所在的情境出发，想象或推测他人所持有的

观点与态度的心理过程。青少年时期是个体成长的重要时期，随着年龄的增长，个体要经历青春期的种种矛盾心理及冲突，自我意识也会随之发生比较大的变化。与之发生较大变化的是观点采择能力，我们难以站在他人的角度看待问题，一味地以自我为中心，最终导致无法和同学沟通，而无效的沟通只会导致愈来愈差的同伴关系。

最后，青春期学生的自我意识迅速发展，我们在心理上急于证明自己的能力，渴望独立。而现实是我们仍旧离不开父母和老师的管控，或多或少对成人存在一定的依赖。这就令我们对父母和老师产生了一种矛盾的心理，既想离开他们的控制，又不得不寻求他们的帮助。在我们不得已向父母和老师寻求帮助时，我们的内心是极其不愿意的，甚至有一种伤自尊的感觉，最终导致心理不平衡。

心海导航

恃才傲娇是我们极易产生的问题，若放任这种表现，会导致我们和同学之间的人际关系日益变差，同时不能形成正确的观点。因此，培养正确的自我意识以及掌握正确的人际交往策略是一个重要课题，针对恃才傲娇的问题，有以下建议：

★ 提升自己的人际交往能力。诸如：通过"登门槛"策略训练来优化自己提建议的能力，提要求时做到诚恳、平等，让其他同学可以欣然地接受。还有类似于"我"信息的表达方式，在表达自己的请求时能够从"我""我们"开始，而不是用"你"这种命令式的语句。例如，"这部分跳得不够好，我们再来练习一次吧。"

★ 放下一些非理性信念。很多恃才傲娇的同学常常会伴有一些非理性信念，诸如："我跳舞很好""我的学习成绩很好""其他同学应该听从我的指挥，他们不应该有意见"等。作为活动的组织者，我们要对同学多一分理解，多一些鼓励和赞赏，充分考虑到同学们的感受，用自身的人格魅力影响他人。

★ 科学地认识自己。通过"认识自我"的团体辅导活动及心理健康教育活动等，全面科学地认识自己，既不妄自菲薄，又不狂妄自大，看到自己的优点，也正视自己的缺点。形成科学地自我认识，能够正确看待自身的能力、特长等。

在班里老是被同学误解，怎么办

陈同学在班里是位特别调皮的学生。在学校，他经常被老师批评，已经对老师的批评满不在乎了，因此在很多人眼里是个很难教育的学生。在班级里，很多同学都不喜欢他，并且经常会误解他。有时他没做什么错事就会被他人误解，而有时他会因为好心办坏事而得不到他人的谅解，甚至有时他比别人做得好却还是遭到同学们的白眼、讥讽和侮辱等。为此，陈同学很委屈、很难过，觉得自己总是会受冤枉气。

心路探究

在现实生活中，几乎每个人都会遇到被他人误解的情况。被人误解的滋味有恼怒、有委屈、有伤心，让人感到焦躁而无可奈何。一次被他人误解的经历便会让我们苦恼不已，更别说在班级中总是被其他同学误解了。那么，是什么原因导致我们在班里总是被他人误解呢？

刻板印象会造成他人的误解。刻板印象指的是人们对某一类人或事物产生的比较固定、概括而笼统的看法。它是人们对于特定的人或事所持有的固定化、简单化的印象，并伴随着对该人或事的价值评价和好恶的感情。刻板印象可以为人们认识事物提供一个简单的参考标准，但是也会阻碍人们接受新事物。它是一种以偏概全的认知上的偏见，会导致知觉上的错误，妨碍个体对他人或事物作出正确的评价。刻板印象一旦形成，就很难打破，且容易被反复强化。例如，如果有一个难管理、难教育的学生，与他不熟的其他同学便会对他有不好的印象，并形成一种刻板印象。由于刻板印象的存在，其他同学和老师总是会将这个学生与不好的事情联系在一起，认为他做的事情都是坏事，从而使这个学生在班里总是被他人误解。

家庭教养方式也是造成我们不断被他人误解的一个重要因素。许多家长在教育孩子的时候，大多秉持着让孩子与同学和平相处的态度，并且教导孩子在学校应该"忍一时风平浪静，退一步海阔天空"，这往往使孩子在被人误解时选择沉默，不能在有效的时间内与同学进行沟通。最后的结果可能会使学生在班级里不断地被他人误解，甚至有时什么事也没做就被人误解。这在心理学上也被称为"强化"，它是指人或动物为了达到某种目的，会采取一定的行为作用于环境，当这种行为的后果对其有利时，这种行为就会在以后重复出现。当我们被其他同学误解之后，我们若选择沉默，不为自己辩解，这种"不作为"的态度使得其他同学认为他们的"误解"是正确的，并在以后的学习生活中不断对我们的各种行为产生误解。

中职学生正处于青春期，青春期我们的思维虽然已经是以抽象逻辑思维为主要形式，但水平还较低，处于从经验型向理论型的过渡时期。由于辩证思维刚开始萌发，所以青春期学生的思维方式仍带有很大的片面性，存在偏激和极端的状况。在遇到问题时不能够全面地分析问题、解决问题。这种表现首先反映在对其他人事物的态度上。例如，当学生看到另一个学生存在某个缺点之后，便会对该学生整个人都抱有消极、不信任的态度。另外，在分析问题时容易钻牛角尖。例如，当我们与他人产生冲突时，我们往往只是被事情的表面特征所困扰，不能够深入挖掘事件的本质，而对与我们产生冲突的人产生误解。

心海导航

学生在班里总是被人误解，不仅不利于形成良好的人际关系网络，而且还会影响学生日常的情绪，并进一步导致其对学校生活和学习丧失兴趣。因此，缓解与他人之间的误会是十分重要的，针对在班级中总是被他人误解的境况，有以下建议：

★ 改变不合理的应对策略。逃避和沉默都不是解决问题的办法，用恰当的方式解决问题。如果因为自己的举动或者言辞让别人误解，那就应主动道歉并获取原谅。如果不是，那就应找出其他同学产生误解的原因，从根源出发，弄清楚状况，并进行合理的解释，缓解同学间的误会，主动沟通是一种生活技能。

★ 寻求老师的支持和帮助。当遭遇同学误解时，除了积极主动与同学沟通外，还可以多找一些支持力量，比如任课老师、班主任等。和老师诉说困难，说清事情原委及内心的感受，相信老师会有智慧来教育和引领。当然，作为学生，要实事求是地反映问题，不能添油加醋。只有真诚，才能得到他人的理解和帮助。

★ 寻求个别辅导。在学校被他人误解会让我们产生委屈、伤心、难过的情绪，长期被他人误会会使我们的情绪陷入低迷的状况。可以求助心理老师进行个别辅导，缓解不良的情绪，让自己从消极情绪中走出来。同时审视自我，改变自身不恰当的行为，争取减少来自其他同学的误会。

 与寝室同学关系不好，怎么办

心灵迷思

小李是一名高一新生，通过与寝室同学的朝夕相处，他很快就发现同学身上的一些缺点，对有些同学的做法看不惯，例如有的同学会在寝室的阳台吸烟，有的同学要求自己开手机热点分享给他们等，于是小李与同学们渐渐疏远了。有一次，小李与对面寝室同学产生矛盾，同寝室的同学没有来劝解，事后，还与对面寝室的同学走得很近，他感觉被孤立了。小李觉得很郁闷，一方面对同学的不满郁积在心里，想要释放却释放不出，这让他总想逃离寝室生活；另一方面小李总觉得同学们对他有敌意，另外4个人联合对面寝室的人集体排斥自己，他们会举报自己就寝时玩手机，而他们自己几乎每天玩手机。小李因此很难受，感觉很孤独，唯一解闷的方法就是在晚上与女同学聊天，但是又提心吊胆，害怕同学举报自己玩手机。寝室的门没有锁，学生会干部随时可能进来掀被子查手机。小李经常会有莫名的担心，明明是放好的鞋子，就怕室友将其搞乱而被学校扣分。现在小李就想着尽快通校，逃离这个寝室。

心路探究

这是一个关于高中新生寝室同学关系不良的典型案例,在我们刚进入高中时都遇到过类似的问题。出现寝室同学关系问题的主要表现为不想学习,情绪低落,产生敌对意识,有自卑感、孤独感,想要逃离学校等。高中寝室同学关系不良的主要原因可以从以下几个方面解释:

面对新的高中住宿环境,客观环境的变化要求我们做出相应的心理调整,以适应高中生活。但我们往往没有做好充分的心理准备,对高中的生活情况缺乏客观认识,仍旧用旧眼光来看待新的环境。当现实与我们的想象产生冲突时,若不及时进行认知调节,就可能会认知失调,产生"还是初中同学好""初中可以吃好玩好,有话就说"等想法,进而出现孤独感、失落感。出现寝室同学关系问题的学生普遍具有自我要求不高、情绪化等不良的心理特点,渴望得到他人的关注和认可,但自我评价低,缺乏自信心和上进心,常常觉得同学身上毛病多,看不惯。同时由于缺乏应对技巧,找不到恰当的方法,适应新环境的速度也相对较慢,在人际关系适应方面处于不利的境地,甚至出现焦虑、失眠、抑郁等情况。

高中生的生活方式发生较大改变,人际交往环境更具有复杂性。寝室就是一个小型社会,室友关系的类型更复杂,交往的诉求也由依赖性、被动性和友谊的平淡性变为独立性、主动性和对友谊的强烈渴望。住校的生活使人际交往的距离大大缩小,在与同学相处时,因为个人习惯的不同使同学之间的矛盾冲突逐渐增多,这使同学关系面临巨大的挑战。有部分学生缺乏集体生活的经验,自理能力差,遇到问题不会积极主动地沟通,也不会换位思考。在新环境里缺少社会支持体系,父母帮不上忙,老师对学生的课外生活也管理不到位,感觉得不到他人的支持,烦恼无处倾诉,压力无处释放。在与寝室同学的交往中感到束手无策,孤独无助,人际关系的大环境也不理想。

青春期学生的自我意识迅猛发展,成人感和独立意识增强,自尊心强,比较敏感。但由于意志力薄弱,情绪不稳,存在心理上的成人感与半成熟现状之间的矛盾、心理断乳与精神依赖之间的矛盾、对他人要求高与对自己要求低的矛盾。我们渴望寻找志趣相投的朋友,但又不善于合作,仍有较强的自我中心思维,缺乏同理心与换位思考的能力,不容易自我反思,导致与最熟悉的人关系不畅。

心海导航

进入一个崭新的生活环境,同时也意味着进入一种新的人际关系,培养良好的寝室同学关系是每一个学生所面临的重要课题,与身边的人处理好关系是非常困难的一件事,我们容易处理与陌生人的关系,是因为没有遇到真正的问题。针对学生与寝室同学关系不良的问题,有以下建议:

★ 正确认识自己。通过自画像、特质搜寻、照镜子等方式了解自己，引导自己全面地认识自我，更客观地评价自己、接纳自己。

★ 提升人际交往技巧。通过参加团体辅导，依靠团体训练适应人际交往，增强与人交往的自信心；在安全的环境中进行共情训练，克服以自我中心，培养换位思考的能力；寻找别人的优点，学会真诚地赞美同学。寝室同学一起体验团体沙盘，在潜意识层面学习合作。

★ 多包容他人。不认可同寝室同学的一些行为是允许的，但尽量不把人和事混为一谈，对同学多一分理解和宽容，每个人的成长环境和价值观都不一样，所以不要用自己的好恶去评价和要求他人。积极主动地去适应环境，能接纳同学缺点，更能发现他们身上的优点。

④ 好朋友"移情别恋"了，怎么办

心灵迷思

"老师，本来她是我最要好的朋友，我们总是一起吃饭，一起散步，可最近她和丙同学走得特别近，经常把我冷落在一边，我很难过，也很讨厌丙同学……"甲同学一边说，一边掉眼泪。甲，高一女生，16 岁。原来，甲和乙是初中同学，关系很好，到了职业高中后，刚开始两个人都是一起玩、一起出入。开学 2 个月后，乙同学渐渐和丙同学走到了一起，和甲相处的时间就少了。这时，甲同学感到孤单难受，对丙同学的"横刀夺爱"也耿耿于怀。好朋友"移情别恋"了，她该怎么办？

心路探究

这是一则同伴交往的案例。对刚入校的中职新生来讲，特别希望有很稳定的同伴朋友。中学阶段是个体社会化的主要时期，在这一时期，学生的人际交往及关系发生了明显的变化，由于"成人感"和独立性的增强，对父母的依赖逐渐减少，而与同伴建立良好人际关系的依赖日益增强。同伴关系的建立在青少年发展中具有成人无法取代的独特作用和重要的适应价值。调查研究发现，学生对同伴的交往需求十分强烈，交往的成败对学生影响较大，同伴交往可以缓解成长过程中产生的冲突和矛盾。同时，同伴交往也是满足自身社会需要，获得社会支持和安全感的重要源泉。根据马斯洛的需要层次理论，归属和爱的需要是人类的基本需要。众多国外学者的研究也表明：个体能在与他人的交往中通过不同人际关系的建立获得社会支持，满足不同的社会需求，并且可以从同伴关系中获得工具性、指导性帮助，以及抚慰和陪伴，促进自我价值及归属感的获得。

经了解，甲在家里是最小的孩子，上面还有一个姐姐，平时父母做生意很忙，交流不多。甲在家比较受忽视，父母老拿读大学的堂哥说事，说她上职业高中没多大出息。在案例中，甲同学对乙同学的依赖体现了她对同伴关系的强烈需求，在两人很稳定的关系中她感受到了安全感和归属感。当丙同学加入时，两人变成了三人，而且乙同学与丙同学很有共同语言，她就觉得好朋友被丙夺走了，她们的友情被瓜分了，于是在心理上就产生了危机感。甲同学在后来的交谈中也说，她并不喜欢丙，而且她认为丙作为"后来者"不应该"插足"自己与乙的友情。甲觉得自己对乙是很好的，而乙又和丙很好，自己接受不了。从这些言语中也不难发现，甲同学有着自己的个性，在人际交往中体现出"反黄金法则"——"我怎么对你，你就得怎么对我"，甚至"你要像我想的那样对我"。另外，也可以发现甲对他人的排斥性，自己的二人组合不希望其他人插入。当老师问，"你怎么看一个人独自去食堂吃饭这件事？"她马上说，这会感觉很怪，而且一个人会特别孤单。因为在职业高中学习，空闲时间相对较多。中职学生相对于普高学生而言，学习压力和学业任务相对轻些，这为同伴交往创造了很好的条件，也进一步凸显了同伴交往的重要性。

心海导航

面对甲同学的困境，该怎么办呢？我们不妨试着从以下方面做些调整和改善：

⭐ 首先，要用发展的眼光看问题。好朋友有结交新朋友的自由和权力，同样，自己也要有结交新朋友的动力和愿望，事物都是变化发展的。和不同的人交往，会有不同的体验和收获，接受变化，学会发现别人的优点。分清友情与爱情，友情是可以和多人共享的，学会与多人共处。

⭐ 其次，加强对人际交往技巧的学习。学会赞美，真诚而主动地与他人交往，学会宽容和谅解，多帮助别人。这样，会容易交到好朋友，当新朋友多的时候，对老朋友就不会那么紧抓不放了。

⭐ 最后，努力让自己变得更好。在思想品行、言谈举止、学业技能等方面努力提升自己，让自己更具人格魅力和影响力。这样，就更容易吸引同学与自己交朋友。当好朋友"移情别恋"时祝福对方，并且自己也主动去结交新朋友，你会发现，走过去，前面又是一片美丽的新天地！

5 用极端的方法解决问题，怎么办

心灵迷思

小季是一个老实巴交的孩子，平时比较内向，和人说话的时候唯唯诺诺，也不太会拒绝别人。同学们经常拿他开涮，有的时候也会欺负他，比如在大扫除的时候会让他干一些脏活累活，或者室友会随便用他的生活用品。有一次同学向班主任反映，小季每次被人欺负后，会私下用一些极端的方式去报复对方，比如偷偷把对方的东西扔到垃圾桶，或者会在对方喝的水里偷偷加一些恶心的东西。班主任曾找小季询问过，但是小季一概否认。高二下学期刚开学的时候，小季又被人欺负了，但这次他用偷偷带进学校的刀捅伤了对方，这种极端的问题处理方式让小季触犯了法律。

心路探究

其实，小季的行为就是在被欺负后采取极端的方式解决人际交往中存在的问题。有些中职学生遇到问题喜欢固执己见，为了达成自己的目的，易走极端路线，出现过激的言行，导致人际关系恶化，甚至最终走上犯罪道路。那么，为什么青春期的学生容易用极端的方法解决问题呢？

首先，个体在青春期的生理发育十分迅速，内分泌功能迅速发展，大脑皮层及皮层下中枢的兴奋度常常迅速地增强或减弱，从而造成情绪的波动不安。同一时期心理发展的速度相对缓慢，身心处于一种非平衡状态，常常引起心理上的种种矛盾，导致有时对事物产生不正确的认知评价，容易把事情的严重程度无限放大或把所有事情的后果想象得过分严重。因此，在生活中遭遇挫折时可能会产生极端的想法和行为。

其次，辩证逻辑思维发展的不成熟是青春期学生喜欢用极端的方式处理问题的主要原因。辩证逻辑思维的发展明显滞后于形式逻辑思维。有调查表明，高中学生形式逻辑思维占基本成熟水平的三分之二以上，但是只有半数人的辩证逻辑思维达到初步掌握水平，有的学生甚至连初步掌握水平都没有达到。学生往往抓住一点就无限地夸大或缩小，自以为看到了事物的全部或找到了处理问题的唯一方法，极易出现以偏概全的判断与极端的行为。

最后，根据情绪的"钟摆效应"原理，当一个人在某种情绪上降低了反应强度时，在所有对其他情绪的感受上也会相应减弱。当面对问题时暂时通过"感觉麻木"的情绪保护机制使个体情绪放缓是可行的。但是从长远角度来看，当我们刻意麻痹自己对负面情绪的感受时，也会感受不到正面情绪。这种状态下的人对待生活会比较漠然，遇到好笑的事情不觉得好笑，看到悲伤的电影也不会觉得难过。外面的欢笑悲伤都无法进入自己的世界，会丧失感知别人喜怒哀乐的能力，容易以平淡、冷酷的态度对他人实施极端行为。

心海导航

处事偏激是在青春期发展过程中经常出现的人际应对问题，如果不及时加以引导，不仅会影响人际关系的良好发展和自我修养的提升，情节严重者甚至会走上违法犯罪的道路。那么，面对容易用极端方式处理事情的问题，我们该如何应对呢？

⭐ 首先，要学会释放不良情绪。当遭到同学嘲笑或捉弄时，肯定会不开心，会产生愤怒、悲伤、恐惧等不良情绪，但切记一定不要累积这些不良情绪，一定要选择一些途径进行释放，比如与家长倾诉、做运动、写日记等，也可以大声表达出来。情绪平稳了，就不易做出极端的行为。

⭐ 其次，正确看待挫折与困境。挫折是人生的必然经历，在社会交往、学习生活中不要过分在意事情的结果，努力选择用合理的方式去战胜困难。可以进行情境演练，包括思维训练、角色扮演、模拟实践等，在实践演练中深化对困难的认识，寻找解决问题的合理方法。

⭐ 最后，要三思而后行，想想极端行为的严重后果。可以查看一些案例，看看当事人面临的后果。假如是自己，不后悔吗？多思考自己做出不当行为的后果，多寻求老师、同学的帮助，用合理的方式表达自己的感受和心情，用多种力量阻止同学对自己的"欺负"，表达自己的合理诉求。

 因为家庭条件差产生自卑感，怎么办

小东和李想是同宿舍的"难兄难弟"，他们俩最近都被一件事情困扰：因为宿舍其他几个室友的家境都比较好，而他们俩的家境都不太好，每个月的生活费比较少。在周末宿舍的哥们会一起出去"潇洒"一下，比如去吃饭或者唱歌。一般大家伙会AA制，但是他俩由于没钱，就经常推脱，因为这个事情两个人会产生一种自卑和不合群的感觉。有的时候，有钱的室友会提出请他两个人吃饭，但是每次他们这么说，不但不会让两个人欣然接受，反而会感觉更加自卑，甚至会觉得自尊心受到了打击。因为这事，他们俩和其他人的关系慢慢产生了距离。

心路探究

小东和李想的现象从表面看是因为家庭条件差而产生自卑感，但实质上是青春期逐步形成的偏差的金钱观而导致的自卑感。金钱观指的是人们对金钱的认识、看法以及态度的总和，是人们如何获取、使用和支配金钱的内在依据，影响人们的价值观念、行为举止和人生态度。不正确的金钱观不仅会影响当前个体自身的观念、与他人的人际关系，甚至会影响个体今后的发展。那么，为什么不正确的金钱观会使人产生自卑感呢？

这与中职学生的思维缺乏深刻性，且容易把金钱的作用扩大化有关。思维的深刻性是思维活动的抽象和逻辑推理水平，表现为能深刻理解概念、周密分析问题、善于抓住事物的本质和规律。由于中职学生对很多事物的认识往往停留在表面，容易被金钱表面的"魔力"所迷惑，错误地认为金钱在人际交往中是无所不能的。于是部分家庭条件不是很好的学生在人际交往中会因为物质差距而产生自卑情绪，影响人际交往。

中职学生有提升自我价值感的需求。自我价值感是个体在关于自身价值的判断、评价基础上形成的对自己的态度与情感。中职学生的自我价值感来源于所拥有的内部和外部支持资源。内部支持资源指的是学生所具备的个人能力和人品方面的积极品质，如勤劳勇敢、乐于助人等；外部支持资源则包括其所拥有的物质条件以及良好的人际关系，如优越的家境等。在自我价值感的提升与评估过程中，部分中职学生夸大了自己外部支持资源在自我价值感组成中的作用，容易导致自我价值感降低，产生自卑心理。

心海导航

心理学家阿德勒指出："我们每个人都有不同程度的自卑感，因为我们都发现，我们自己所处的地位是我们希望加以改进的。"他认为我们每个人都有不同程度的自卑感，因为我们都想让自己更优秀，让自己过更好的生活。如果我们勇于面对，通过直接、实际的行为可以改变我们的生活，逐渐摆脱自卑感。没有人会一生被自卑感折磨，人们可以寻求合理的解决方法来释放自卑感。然而如果个体选择逃避面对引起自卑的真正原因，问题就会一直存在，自卑感会逐步变成影响个体思想行为的心理问题。为了避免自卑感影响个体的人际交往与自身发展，我们可以采取以下措施：

⭐ 树立正确的金钱观和价值观。我们要用发展的眼光看待自己的未来，现在好好学习，多学本领，未来的人生是充满希望的。我们不是富二代，但是可以努力成为富二代的父母。同时，我们也要相信，父母已经尽力为我们倾尽所有了，我们要接纳并感恩。

⭐ 正确看待因为家境而产生的自卑感。自卑感本身并不可耻，它是人类处境得以改善的原因所在。我们要勇于面对自卑，意识到自己的家庭在经济方面的不足，才可以采取恰当的方式去改变现状，例如通过努力学习与勤劳工作创造相应的财富，做到不与他人攀比，多体谅父母的不易。

★ 提高自我价值感。学会努力展现自我，积极参加校内外社会实践活动，比如参加唱歌、朗诵等比赛，或去敬老院、图书馆等志愿者基地做志愿者，提升自己对社会的服务能力，发现自身的闪光点。在实践活动中感受个人内在品质的重要性，从而体会自己真正的价值。

7 因为是班干部而被人仇恨，怎么办

心灵迷思

小宇是学生会纪检部的成员，平时管理着学生各方面的纪律，但正因如此，同班同学对他抱有极大的不满。上周，小宇在检查学生点外卖现象时发现，同班的一个同学点了外卖，于是小宇将他的名字记在了名册上，导致他的同班同学扣了分。该同学将这件事怀恨在心，联合班级的其他同学在教室揍了小宇一顿。虽然这群同学受到了老师的批评教育，但是班上同学对小宇的不满之心非但没有减少，反而愈发严重。这也令小宇十分困惑，自己究竟是要铁面无私，还是要为了和同学处好关系而无视纪律呢？小宇觉得自己处在这两者之间，无法作出最好的抉择。

心路探究

小宇的困惑是一种动机冲突，这是一种因为个人同时怀有两个动机而无法兼得所致的心理困境。小宇既想当好班干部管理好班级纪律，又想和班级所有同学保持好人际关系。

心理学家勒温按趋避行为将动机冲突分为四大基本类型。第一种是双趋冲突。两种对个体都具有吸引力的目标同时出现，形成强度相同的两个动机，但由于条件限制，只能选其中的一个目标，此时个体往往会表现出难以取舍的矛盾心理，这就是双趋冲突。"鱼与熊掌不可兼得"就是双趋冲突的真实写照，案例中小宇的困惑就属于这一种冲突。第二种是双避冲突。两种对个体都具有威胁性的目标同时出现，使个体对这两个目标均产生逃避动机，但由于条件和环境的限制，只能选择回避其中的一个目标，做这种选择时的心理冲突称为双避冲突。"前有狼，后有虎"正是这种处境的表现。第三种是趋避冲突。某一目标对个体具有利与弊的双重意义时，会使人产生两种动机态度：一方面好而趋之，另一方面则恶而远之。所谓"想吃鱼又怕鱼刺"就是这种冲突的表现。第四种是多重趋避冲突。在实际生活中，人们的趋避冲突常常表现出一种更复杂的形式，即人们面对两个或两

个以上的目标时，而每个目标又分别具有吸引和排斥两方面的作用。人们无法简单地选择其中一个目标，而回避或拒绝另一个目标，必须进行多重选择，由此引起的冲突叫作多重趋避冲突。

心海导航

作为学生，我们具有不同的身份角色，在每个角色层面都要作出一定的判断选择，很容易产生各种各样的心理冲突。冲突情境下的个体反应不仅表现为困惑和忧虑，如果问题长时间得不到解决，往往还会引发一系列心理问题。然而，对任何人来说，心理冲突都是无法避免的。但我们能够防患于先，学会用正确的方法及时处理心理冲突，下面介绍几种解决冲突的方法：

★ 接受现实，采取行动。发现自己面临了冲突，就必须作出某种选择，因为冲突不会自然消失。因此，解决冲突的第一策略应是正视现实，接受挑战。与其陷入冲突而动弹不得，不如明确身份作出选择。学会接受挑战，接受不完美。

★ 寻找机会让同学多理解和支持自己。比如建议班主任让全班同学轮流当纪律委员，让他们体会不同的角色，学会换位思考。还可以利用在班会课上分享自己的班干部心得，希望同学们多支持，相信大家都希望生活在一个团结友爱、温暖有序的班集体里。

★ 提升管理艺术。做到真诚友善，平易近人，微笑管理，相信一颗真诚服务同学的心，总会得到同学支持的。同时也可以找老师多沟通交流，寻求助力。良好的班风也会有助于同学们对班干部角色的理解。

 不知道如何拒绝他人，怎么办

心灵迷思

小梅是高中一年级的女生。在平时生活中，宿舍其他同学喜欢借小梅的东西使用，用完之后也不知道爱护，总是随拿随放。另外，其他同学还会强迫小梅用手机开热点，每次开热点的时候其他同学总是无限制地用她的流量，导致小梅每个月都会花好多钱买流量。但是再次遇到类似的情况，小梅又无法拒绝其他同学的要求，小梅觉得当面拒绝同学不合适，但是不拒绝的话，自己又无法承受巨大的经济压力。为此，小梅觉得很苦恼。

心路探究

在现实生活中,像小梅这样不知道该如何拒绝别人的人并不少见,他们在别人求助过多时既想拒绝,但又不知该如何表达,结果导致越来越多的无理要求出现,给自己带来无尽的烦恼。我们在人际交往过程中,不懂得拒绝的原因主要包括以下几个方面:

对友谊的认知偏差,会造成我们在面对无理请求时不知道该如何拒绝他人。学校是学生活动最重要的场所,而同学之间的友谊是学生最重要的人际关系。我们每天都会花大量的时间与其他同学在一起,从起床、吃饭、上课到放学回寝室,都是与其他同学一起度过的。这种时时刻刻见面的状态和强烈的需要,使我们认为拒绝他人会陷入尴尬的境地,便会失去友谊。因此,不知道如何拒绝他人与学生对友情的理解有关,甚至许多学生认为友情就是跟朋友在一起,并且顺从朋友的要求,久而久之,在长期的同伴交往中就会无意识地形成不知道该如何拒绝别人的惯性。

自我价值感较低也会造成学生在面对无理请求时不知道该如何拒绝他人。当我们在面对他人的无理要求时不会拒绝他人,是因为我们特别在意别人对我们的评价。我们会觉得如果拒绝了别人的请求,别人会觉得我们不是好人,或者不好相处,同时害怕影响彼此的关系。这种对别人评价的过分在意其实就是一种"投射"原理,正是因为我们对自身的价值不确定,对自己的评价不高,才会觉得别人对自己的评价也不高。也就是说,自我价值感较低的个体在面对他人的请求时,由于害怕给别人造成不好的印象,更容易顺从他人,不知该怎么拒绝他人。

心海导航

不懂拒绝,会给我们的生活带来许多困扰,不仅会花费大量的时间和精力去帮助他人,而且会影响自己的心理健康,身心不合一。那么,面对不知道该如何拒绝的情况,我们可以怎么改善呢?

★ 多关注自己的内心感受。想拒绝又不知如何拒绝,相信自己的内心肯定是不舒服的。我们总是不拒绝他人,会过多地照顾到他人的心情却忽略了自己的感受,这对自己是不公平的。我们要学会关爱自己,听从自己内心的声音,少做违心的事,我们有权利拒绝他人。

★ 树立正确的人际交往原则。认识到一个人不可能被所有人喜欢,也不可能满足所有人的要求,真正的友谊并不是一味地顺从,人际交往过程中适时、适当地拒绝别人不合理的要求是保护自己的方式。另外,学习委婉拒绝别人的方法也是很重要的。可以利用几个小技巧:态度友好,先肯定对方再拒绝;当时不好拒绝的话,可以稍作延迟再拒绝对方。

★ 识别"讨好型"人际沟通模式。我们反思一下自己的人际沟通模式,是不是属于

"讨好型","讨好型"模式会时时把自己放在低位去迎合他人,"都是我的错,都是我不好"是我们内心的语言,所以根本就没考虑过自己是可以拒绝别人的。"讨好型"人际沟通模式本质上是自我价值低的表现。所以,我们要多锻炼和提升自己,努力提高自己的价值感,多发现自己的优点和长处,悦纳自己。

❾ 被老师立标杆,遭同学孤立,怎么办

小兰是一名长得十分漂亮的女生。在作为高一新生代表进行才艺表演时,因为长得漂亮被安排在最中间。正因如此,班级同学对她有了各种意见和看法,认为小兰是一个很自私的女生,因为老师喜欢她,所以她利用老师的喜爱将自己安排在了正中间。此外,小兰和同寝室的室友也无法很好地相处,甚至在换了一个寝室之后,还是无法融入其中,同学也开始与其拉开距离。虽然小兰很想融入班级中,但是总是由于不恰当的沟通方式,无法得到同学的信任。为此小兰认为自己很差劲,明明在初中的时候还有几个要好的朋友,但到了职业高中之后,却无法融入班集体,这令她很伤心。

在学生群体中,上述案例很常见。若班级里有某方面表现特别拔尖,或者对有关自身的流言不做解释的同学,就很容易受到其他同学的孤立。造成这种结果的原因有很多种,主要有以下几个方面:

首先,小兰自身存在一种自我暗示的心理现象。在心理学上,自我暗示是指通过主观想象某种特殊的人事物的存在来进行自我刺激,以达到改变行为和主观经验的目的。具体表现为小兰认为同学排斥自己的行为是因为自己差劲,这会导致小兰陷入自我厌弃,习惯性地回避和他人的交往,最终造成人际关系的障碍。青春期的学生心理状态不稳定,抗挫折能力较差,容易因为一些小事产生较大的情绪波动。自尊心强,导致自己不能与同学进行良好沟通,这样也会进一步恶化同学关系。

其次,班集体中非正式群体(informal group)的形成也容易造成谣言的滋生。非正式群体是人们在活动中自发形成的,未经任何权力机构承认或批准而形成的群体。学校中存在的一些"小团体"就属于非正式群体。非正式群体越多,小道消息和谣言也就越多,群体间往往歪曲事实,无事生非。之所以产生这样的结果是风气不正或者流通渠道不畅所

致。同学们习惯在小团体中，为了防止不被团体接纳，会避免出现与群体不一致的想法和举动，而且会主动排斥群体外的成员。比如，小兰换寝室，对于原寝室的人来讲，小兰就是一个充满威胁的外来成员，况且她还不善沟通，让人更难以了解和接近她。

最后，也有从众效应的影响。从众效应是指个体受到群体的影响会怀疑、改变自己的观点、判断和行为等，以和他人保持一致，也就是通常人们所说的"随大流"。从众效应虽然可以减少认知损耗等，但抑制了人们独立思考的个人主观能动性。造成从众心理的原因是多方面的，在群体中，由于个体标新立异、与众不同而感到孤立，只有当个体的行为、态度与意见同别人一致时，才会产生安全感。

心海导航

在班集体中出现这种状况，对学生的身心发展极其不利，同时也会影响班级的团结。如何预防和解决此类事件是一个重要的话题。针对在班里受到同学排挤的问题，我们可以做以下努力：

★ **善于求助**。对于小兰，估计已经陷入"孤家寡人"的境地，所以，当发现自己被班级同学孤立时，首先要积极求助。我们可以求助家长、老师、好朋友等，切不要一个人默默忍受，相信老师会积极想办法帮助我们走出困境的。

★ **合理归因**。当我们遭遇痛苦、挫折时，或与同学发生矛盾时，切记不要陷入指责、抱怨的泥潭，认为都是别人不好，认为自己都是对的。当人际关系不和谐时，恰恰是我们反思成长的好机会，是时候低下头来看看自己的表现，并思考应对模式。

★ **重拾信心，化解危机**。当被排挤时，很容易产生心理危机。但我们要抱着一种乐观的心态，相信危机中伴着转机，认真地去找原因，看看到底自己的问题在哪里，先从自身找原因，并努力改正。如果是同学故意针对自己，我们可以找他们开诚布公地谈一谈。同时，努力做到真诚大方，自信友善。相信做到最好的自己，总会重见彩虹的。

在众人面前不敢讲话，怎么办

菲菲是一个极其内向的女生，平日里总是趴在桌子上写作业、看书，同学叫她出去玩耍，她也只是默默地摇摇头。菲菲最严重的一个问题就是不愿说话。老师上课叫人回答问题，她从来不敢举手回答，甚至在被老师叫到的时候，她也只是站起来低着头不愿说话；在活动课上老师要求每个同学上台介绍自己，而菲菲为了避免上台发言，会躲在桌子底下不愿出来。老师对菲菲的这种情况也无可奈何。菲菲之所以不愿说话只是因为害怕，害怕在大家面前说话，害怕与台下的众人有眼神的交流。

心路探究

学生因为遗传和生长环境的不同使其性格各有特点，一些学生外向，热情开朗；一些学生内向，安静稳重。不管是哪种性格，都有自己的优势和劣势。

心理学家卡文顿认为，自我接受的需要是人的第一需要，自我接受的前提是肯定自我价值。自我价值理论将动机类型划分为四种：高趋低避型、低趋高避型、高趋高避型、低趋低避型。案例中菲菲的动机类型就是典型的低趋高避型，又称为"逃避失败者"。这类学生认为避免失败要比获得成功更加重要，他们对失败有着强烈的恐惧。因此会极力地避免在他人面前表现自己，以防失败。

菲菲不仅内向，而且还存在自卑的心理状态。一般来说，自卑是指对自我的评价存在严重负面的、消极的认知。一个人的内心极度自卑会给生活和工作带来严重的影响。像菲菲这样，因为性格内向不敢当众讲话，因为害怕受挫更不敢尝试突破，久而久之就会形成自卑心理，形成恶性循环。

心海导航

在马斯洛需要层次理论中，人的社交需要仅次于生理和安全的需要。过度内向的性格会阻碍人们获得良好的社会交往关系，这对心理健康的发展极其不利。那我们可以怎么办呢？

⭐ 首先，要明确在众人面前不敢说话的危害。交谈能力是人际交往能力中很重要的部分，对生活、学习及将来的工作都起着非常重要的作用，所以作为菲菲本人，要清晰地明确这种弊端，增强动力去改善。

⭐ 其次，要增强自信心。在众人面前不敢说话，除了性格因素，多少与自卑心理有关。所以，我们要接纳自己，看到自己的优点和长处，相信天生我材必有用，在这个基础上，再去有意识地提升自己的说话能力，相信会容易很多。

⭐ 最后，践行刻意练习。"刻意练习法则"是美国心理学教授安德斯·艾利克森博士研创的。他提出技能是可以通过刻意练习来掌握的，刻意练习要求当事者遵守有明确目标、保持专注的状态、接收反馈、走出舒适区等原则。所以，说话能力肯定也是可以通过刻意练习来提升的。我们要积极练习，从私下练习开始到听众逐渐增多，不断练习，在他人的反馈中坚持练习，相信情况会慢慢改善的。走出害怕，走出舒适区，刻意练习，相信自己可以的！

11 性格内向被班级同学疏远，怎么办

心灵迷思

小王是一名职高一年级学生，从进校以来就不愿与人交流，课堂上不举手发言，如果被老师点名回答问题，回答的声音也非常轻。小王不仅在课堂上如此，在日常生活中，也基本上不太跟其他同学讲话。无论是在食堂吃饭，还是体育运动，他总是喜欢独自一个人，学习上遇到了问题也不敢向老师请教，甚至在集体活动中，也不愿意积极主动地参加。同学和老师都普遍反映他沉默寡言，与人交流不敢正视他人的目光。久而久之，小王慢慢地被同学疏远，大家都不喜欢他，甚至有点排斥他。

心路探究

性格的形成是受个体气质类型、家庭成长环境、社会环境等多方面因素影响的。内向性格与外向性格本身并无好坏之分。外向的人开朗容易融入社会，内向的人心思缜密适合从事研究工作，两种性格取向各有千秋。但是，在学习生活中，有些学生看似因为性格内向而受到排挤，甚至遭受欺凌，实则不然。

小王性格内向，不愿与人交流的直接原因是家庭因素。由于父母一直没有陪伴其成长，缺失父母的关爱和家庭的温暖，使小王从小就习惯与他人保持一定的距离，胆小内向，不与人沟通交流。另外，与成长经历有关，他小时候曾遭到同学的鄙视，在同学面前抬不起头。渐渐地，他特别在意别人的眼光，担心自己的行为是否得当。

心海导航

如果我们像小王这样，性格内向，内心脆弱，过多地在意别人的眼光，被同学疏远，那该怎么办呢？

⭐ 寻求帮助，增强内心力量。我们可以去找心理老师，接受辅导，改变认知，提升心理能量。有时一个信念转换了，世界也就不一样了。利用班会课主动表达自己的愿望，希望同学们多多帮助自己。要相信，真诚面对问题是解决问题的第一步。

⭐ 寻求资源，努力突破。可以向班级里的"社交达人"学习沟通技能，也可以看一些书，如名人传记、演讲类图书等。只要有一颗积极进步的心，就会找到很多的人事物来

成就自己。

★ 多付出、多参与，让同学看到自己。性格内向不是我们的错，我们可以通过服务同学，多为班级做贡献，多赞美他人，积极参加班级活动。这样，容易被同学关注，增强存在感，与同学的互动多了，关系自然就好了。

 情商低，经常出口伤人，怎么办

婷婷是一名高二的女生。高一刚开始的时候，大家都觉得婷婷是个性格开朗、活泼的女生，平时大大咧咧，每天也是乐呵呵的。但是相处久了，大家发现婷婷十分没有礼貌，说话时经常不加思考，说得好听点是讲话直爽，说得难听点就是很伤人。另外，她讲话经常不尊重他人，对别人说话的态度也总是颐指气使、高高在上。日积月累，她与班级同学之间的矛盾愈演愈烈。慢慢地，婷婷成了班级同学共同的"敌人"，同学对她越来越冷漠，越来越疏远，甚至有个别同学公开地对她进行言语攻击。只有个别同学还愿意和她做朋友。针对同学们对自己的态度变化，婷婷觉得很困惑，不知道为什么会这样。

心路探究

以自我为中心的学生往往固执己见，唯我独尊。希望别人尊重自己，却又不知道要尊重别人，最终导致同学关系疏远。自我中心现象在心理学中可能是以下原因造成的。

心理学中有一种人格表现叫自恋型人格，基本特征表现为对自我价值感的夸大，这类人不能理解别人的细微感情，缺乏与他人的共情能力，因此人际关系常出现问题。这类人常常有一种特权感，喜欢指使他人，渴望得到持久的关注与赞美。此案例中的婷婷很可能就是自恋型人格。自恋型人格的成因可以追溯到婴儿时期，每一个个体在婴儿期都是有自我夸大倾向的，例如婴儿稍稍得不到满足就会大哭，他们认为自己是全能的上帝。如果婴儿的养育者长期不能使婴儿的需要得到满足，那婴儿就不能满足其内部期待，阻碍个体了解正常自恋的现实性，最后形成自己独有和过分的自恋。这类人很难形成同理心，常常将关注点聚焦于自身，难以共情，容易出现人际关系障碍。

心海导航

自恋型人格的人往往说话不经思考，出口伤人，身边难以有长久的伙伴，也很难有真心的好朋友。因此，我们一定要重视并努力改善。

⭐ 多照镜子，反思自己。在与同学交往过程中，注意改善与同学之间的关系，树立不以自我为中心的信念，养成独立的行为习惯。可以和伙伴互相监督，利用"照镜子效应"夸张地演出对方不好的言行，让对方体会到这种言行的不当之处，自然而然就有了改变的动力。

⭐ 提升共情他人的能力。上文提到婷婷情商低，情商又称为"情绪智力"，萨洛维及其合作伙伴约翰·梅耶提出情商主要包含五个领域：了解自身情绪、管理情绪、自我激励、识别他人情绪、处理人际关系。所以要提高自己的情商，可以从这五个方面入手。很重要的一点，我们要多去感受他人的感受，提高共情能力，站在对方的立场去感同身受。

⭐ 学习成长，完善人格。主动学习，从书中、身边同学身上、伟人身上学习他们好的心理品质，不断完善自己的人格。学习改变认知，学习改变命运，保持终身学习的热情和动力。

13 父母经常吵架，怎么办

心灵迷思

小李是一名职高三年级的学生，父母经常在家中争吵，家庭关系的不和睦给她带来了非常严重的困扰。曾经活泼开朗的她，现在变得越来越沉默寡言了，时常心事重重。她对父母无休止的争吵感到厌恶，伤心难过时又不敢向朋友和同学倾诉内心的苦闷，她非常希望能得到别人的关心和安慰，又害怕不被他人理解，让别人觉得自己矫情，感到非常孤独和压抑。每次和妈妈意见不合时，她都会选择忍让退步，但内心却倍感委屈，一方面对妈妈无理责备和严格管束的不满郁积在心，想要宣泄和释放却又没有途径，这让她时常失眠，情绪低落，郁郁寡欢，感受不到生活的乐趣；另一方面，小李总觉得自己身边的同学和朋友都不理解自己，觉得自己行为怪异，担心同学们看不起她，不愿和她交往，这让她更加自我压抑，丧失自信，变得自卑敏感，不善于表达自己。

心路探究

父母关系不和、家庭气氛沉闷是不少同学面临的问题。家庭环境是人成长的第一环境，长期处于不良家庭环境下的孩子容易出现人际关系敏感紧张、情绪不稳、自卑、焦虑等问题。

当物质条件逐渐丰盈，人的心灵健康往往容易被忽视。尤其是城市孩子的父母因为忙于工作，经常忽略孩子的感受，有时也顾不上关心孩子。中职学生正处于青春期后期，由于自我身心的巨变、社会的日益发展，所面临的心理压力越来越多。

父母关系不好，孩子容易被忽视，内心缺爱。我们就会用警惕的目光关注别人对自己的态度，想和他人靠近又怕遭到拒绝。缺爱的同学常常感到郁闷，内心孤独痛苦，又无法合理宣泄不良情绪。久而久之，会造成自我评价偏低，人际关系失调。

心海导航

父母关系不好，感觉与他们难以沟通，自己情绪低落，我们可以怎么办呢？

★ **分清界线，学会抽离。** 父母关系不好，这是他们俩人的问题，是他们的互动模式出现障碍，如何改善彼此的关系是他们的人生功课。作为孩子，我们不需要承担这份关系带来的沉重，我们要努力照顾好自己，作为高中生，我们是有能力照顾好自己的。所以，父母关系不好，我们可以适度抽离，不要被卷入父母的吵架旋涡中，守护好自己的能量。

★ **换个角度看问题。** 其实，天底下没有完美的父母和孩子，自己经历过的事情，如果换一种看法，那有可能就会成为自己的经验。著名心理学家艾利斯创建的情绪 ABC 理论指出，人的情绪行为不是由事件 A 决定的，而是由个体对事件的看法 B 决定的，所以，改变想法，就可以改变心情。

★ **努力搭建自己的支持系统。** 多寻求老师、同学的帮助，敞开心扉与好朋友分享快乐与痛苦，相信友谊也会很好地滋润我们的心田。同时要建立自信，发现自己的闪光点，走出自卑的沼泽。

 因看过不良视频而不敢与异性交往，怎么办

心灵迷思

小莹是职高一年级的女生。有一次，小莹和寝室女生聚在一起看不良视频。此后小莹每次在学校看到其他男生都会胡思乱想，并将自己看到的男生和看过的不良视频

联系起来，不自觉地将这个男生想象成视频中的男生。为此小莹觉得自己特别猥琐，每天脑中都想着不正常的事情。她越想控制自己的想法，却发现越控制不了。从此，小莹不敢和其他男生交往，还把自己的座位搬到了教室最后一排，平时也不和男生说话。小莹为了避免和男生接触，就连体育课也不参加了。每天晚上放学后，小莹总是一直拖，不敢离开教室，直到所有人都离开了教室，小莹才会悄悄地走出教室。结果，老师认为小莹行为异常，建议家长带她去医院精神科做检查。

心路探究

随着我们进入青春期，有些同学会偷偷从不正当的渠道观看不良书籍、不良视频。这本身就是我们进入青春期后情窦初开、性心理发展的部分表现，但是有些同学在怀着好奇心偷看"不正经"的视频或书籍后，往往会产生异常的表现。比如有的同学会产生自我怀疑，觉得自己变"坏"、变"下流"，做什么事都缩手缩脚；而有的同学甚至会变得不敢和异性接触，从而影响正常的生活和学习。那这种情况是为何出现的呢？其背后的原因是什么？

性生理和性心理发展不同步是这一现象产生的根本原因。我们进入青春期后，在性激素的影响下，生理上第二性征开始发育，性机能日趋成熟。生理的变化使青少年的性冲动越来越频繁、越来越强烈，但是相比于生理上性机能的成熟，性心理发展却远未达标，性心理成熟相对滞后。这使我们尚未成熟的性心理不足以应对性生理上迅速且巨大的变化。当正常的性冲动产生时，我们在心理上会体验到强烈的羞耻感，甚至会认为这是见不得人的下流反应，从而产生罪疚感或恐惧感。正是这种矛盾的心理状态使我们陷入情绪焦虑和苦恼中。

性知识的缺乏也是产生异常情绪的重要原因。当我们独立面对自己的性冲动和性心理发展时会手足无措。当我们无法在家长或老师方面得到帮助时，不正当的性知识渠道就变成了首要选择。而这种"特殊"渠道，又会导致我们在认知上认为自己是不对的。当这种负罪感与自身对于两性知识的好奇和冲动产生矛盾时，就会使我们出现情绪上的困扰、认知上的失调。

心海导航

像小莹这样，出现了异性交往过分敏感、害怕的现象，我们可以怎么办呢？

★ 寻求专业的心理咨询。受文化的影响，性心理问题比较敏感，也很考验专业性，要进行科学的辅导。所以，我们要鼓起勇气走进正规咨询室，接受专业咨询，促进对异性、对性的科学理解，消除一些错误认知。青春期会产生性幻想，是一个正常的现象，这是缓解内在性压力的本能反应。

★ 转移注意力。减少不良信息刺激，多与同学交往，多运动，多阅读，尽快走出不良视频的阴影。运动可以释放压力，阅读可以丰富知识，可以让我们更有能力应对问题。要消除大脑中的一个印象，比较有效的方法就是转变印象，用一些比较美好的、健康的画面替代原来的画面。

★ 学习异性交往技巧。正常的异性交往是有益于身心健康的，互相约束、互相激励，还有利于男女生的优势互补。当然我们提倡互相尊重、自然真诚、大方得体的交往方式，要注意异性交往的礼仪和规矩。

 外出补课被性骚扰，从此害怕异性老师，怎么办

丽丽是一名身材高挑、相貌出众的女生，但是最近班主任发现丽丽只要一见到男老师就会变得很警觉，在路上看到男老师就会绕开走，有的时候实在避不开了，就会双手抱紧胸口，很小心地从那个男老师身边走过去。后来班主任了解到，丽丽前一阵子去校外的一名男老师家里补习功课，被那个老师性骚扰了。虽然最后丽丽逃脱了"魔爪"，没有受到性侵这种更严重的伤害，但是从那个事件以后，她的心里就蒙上了一层阴影。

心路探究

学生青春期阶段被性骚扰，是一件很影响个体心理健康的大事，但往往很多学生在经历过此类事件后，都不知道该如何应对。性骚扰对于很多人来说都是一个比较敏感的词汇，很多家长和老师在面对孩子遭遇这种情况时，都不知道该如何帮助孩子走出阴影。有的学生遭遇性骚扰后，会不敢接触一些特定的人群，影响其正常的生活和学习。如何减少性骚扰对学生产生的伤害，是每个家长和老师都应该思考的问题，我们首先对出现这种情况的原因进行分析。

缺乏对性骚扰的正确认识。性骚扰是指以性欲为出发点，以带有性暗示的语言或动作骚扰对方，引起受害者的抗拒行为。从定义上讲，受害者完全是被伤害的一方。很多同学对遭受性骚扰存在认知误区，认为遭受性骚扰是一件难以启齿的事，所以在遭受到性骚扰后，会产生一系列的羞耻感、罪疚感和恐惧感。

当学生受到性骚扰后，很多人就会觉得自己"不再干净"了，从而产生极大的自责

感、自卑感，在和别人交往时就会产生逃避、害怕的情绪。有些学生在遭遇性骚扰后，为了不让别人知道这件事，怕别人看不起自己，会选择将这件事情隐瞒，一个人默默承受痛苦和委屈，这会严重影响正常生活。

心海导航

遭遇性骚扰会严重影响当事人的身心健康，我们一定要充分重视，树立安全意识。

⭐ **防患于未然**。面对性骚扰，很多人是因为不知道什么样的形式算是性骚扰，也不知道如何应对，才不会受到伤害。所以我们要学习"如何识别性骚扰""性骚扰的防范"等主题内容，掌握必要的技能，比如外出最好结伴而行、衣着不过于暴露。在面对性骚扰时有一定的技巧，如一开始就表明自己的态度、想办法到人多的地方、必要时打电话报警、记住对方的特征并留下证据等。

⭐ **寻求事后的支持和保护**。对于花季少男少女来说，遭到性骚扰是一件灾难性事件，因此要第一时间报告家长和老师，第一时间得到情绪的安抚，获取足够的温暖和支持。求助心理老师，进行心理创伤处理，走出阴影，正常生活。

⭐ **理性看待，积极应对**。我们要知道，被伤害不是我们的错，勇敢地站出来，保护自己，学会求助，疗愈心理创伤。用坚强、乐观的态度面对现实，懂得生命是最可贵的，我们没有理由不爱惜自己。

16 在交往中"被分手"了，怎么办

心灵迷思

小伟是一名高二的男生，前段时间他刚与一个女生"坠入爱河"。交往初期，小伟和那名女生十分亲昵，经常一起出去玩耍。小伟也认定这名女生就是自己想要长久相处的人。而在近期，该女生对小伟提出了分手，并告诉他自己有了另一个交往对象。之后小伟也得知这个女生每隔几个月甚至几个礼拜就会换一个男朋友，是个特别花心的女生。对此，小伟备受打击，无法承受分手所带来的痛苦，来到心理咨询室寻求心理老师的帮助。他不知道自己究竟错在哪里，那个女生为什么和自己分手。他在老师面前哭泣着诉说自己的痛苦，并认为所有女生都是一个类型的，不停地喜欢上不同的男生，水性杨花。此后，小伟不仅在学习上一蹶不振，还不和异性进行交往，认为女生都是不值得信任的。

心路探究

中职学生正值青春期，此时，男女生之间的关系有了新的特征，双方都开始意识到性别问题，并逐渐对对方产生兴趣，以至萌发出恋爱关系。由于中职学生的心理发展水平尚处于从幼稚向成熟发展的过渡时期，其心理处于一种非平衡状态，一旦在恋爱中遭遇挫折，容易引起一系列的心理危机，如抑郁、悲愤、绝望、不再信任异性和爱情等，严重的甚至可能会自杀。对于中职学生失恋后心理危机的产生原因，我们从以下几个角度来分析：

青春期时的我们抗挫折能力较差，遇到挫折容易一蹶不振。挫折指人们在有目的的活动中，遇到无法克服或者自以为无法克服的障碍和干扰时，由于其需要或动机不能获得满足而产生的消极情绪反应。抗挫折能力较差的原因主要有两个方面：一是自身心理发展原因。由于青春期时我们心理能力的发展和生活经验的丰富，情绪的表现形式也不再单一，但又不能像成年人那样稳定，因而表现出了半成熟、半幼稚的两面性。当遇到挫折时，我们往往不能成熟地面对，容易引起较大的情绪波动，影响正常的学习和生活，会受到较大的伤害。二是父母的教养方式。当今很多父母对孩子过度溺爱，不让孩子受到一丝的委屈和伤害，使孩子长成了"温室中的花朵"，经不起一点挫折。

受到伤害后，对伤害源产生了泛化。泛化是行为主义心理学家巴甫洛夫通过经典条件反射实验提出来的概念，是指当某一反应与某种刺激形成条件联系后，这一反应也会与其他类似的刺激形成某种程度的条件联系。在心理学心理咨询中所谓泛化指的是引起求助者不良心理和行为反应的刺激事件不再是最初的事件，同最初刺激事件相类似、相关联的事件，甚至同最初刺激事件不类似、无关联的事件，也能引起这些心理和行为反应。当我们失恋后，很可能会将异性带来的伤害泛化到同性群体中，如男生失恋后认为所有的女生都是不值得信任的，女生失恋后认为所有男生都是渣男，进而对恋爱产生了恐惧，不再相信爱情。

不合理信念，糟糕至极。不合理信念是指个体内心不现实的、不合逻辑的、站不住脚的信念，即那些绝对化的、过分概括化的、极端化的思想认识。糟糕至极是一种认为如果一件不好的事发生了，那将是非常可怕、非常糟糕，甚至是一场灾难的想法，这将导致个体陷入极端不良的情绪体验。如陷入耻辱、自责、焦虑、悲观、抑郁的恶性循环之中难以自拔，是不合理信念的主要特征之一。情感受挫使学生失恋后产生了不合理信念，认为世界都是灰色的，异性都是不值得信任的，进而使学生的学习、生活等各个方面都受到影响。

心海导航

失恋几乎是人生的必修课，但有时我们却很难从失恋的阴影中走出来。对此，我们可以从以下几个方面去努力：

⭐ 拥抱失意，坦然面对。高中时期是我们高度关注异性的时期，对于第一个交往的异性朋友，分手的体验是很深刻的，尤其是用情至深的一方。所以，被分手了，失恋了，我们要充分允许这份伤痛，坦然面对。这是成长的音符，我们每个人都是在爱与被爱中慢慢长大的。

⭐ 提升抗挫折能力。对小伟来讲，被分手是一次不小的挫败，很容易一蹶不振，这很挑战人的抗挫折能力。要提高抗挫折能力，首先我们要正确看待挫折，凡事都有成功和失败的可能性，我们要有思想准备。其次要树立战胜挫折的信心，方法总比困难多，保持积极的心态去战胜它。多经历一次挫折，我们的人生经验就多一分。换个角度看，这不也是一件好事吗？

⭐ 不以偏概全，消除泛化。一个异性的行为不能代表整个异性群体，不能"一棍子打死一船人"。对于失恋后对异性群体产生以偏概全看法的人，可以通过心理咨询，尝试认知疗法，消除泛化，形成对异性群体的正确认知，重新建立与异性交往的信心。

17 给女友造成伤害而每天自责，怎么办

小陈是一名高三男生，长得又高又帅气，特别受女生欢迎。他的学习成绩也总是在班级前列，同时他还主持学校的各种晚会，可以说是多才多艺。然而，小陈最近却遇到了一件令他特别懊悔的事情。他交了一个女朋友，小陈和女朋友经常在一起，但他们觉得这种亲密的相处还是不够，于是在某一天偷吃了"禁果"。不曾想，因为第一次没有采取避孕措施，小陈的女朋友意外怀孕了。遇到这种事情小陈也很慌乱，于是让女朋友做了人工流产。小陈对女友流产的事情，心怀愧疚，加上曾经在网络上浏览过流产的危害性，他觉得自己做过的事是要被道德谴责的，认为自己该死。为此，他十分苦恼与内疚，现在因为长期痛苦还引发了胃痛，小陈该怎么办？

青春期是青少年心理、生理的"突变期"，由于第二性征的发育以及性意识的觉醒，少男少女们会不自觉地被异性吸引，开始更多地关注异性及渴望与异性交往。然而青少年在此阶段比较欠缺自控能力，因而容易在冲动之下做出不恰当的行为，如过早地发生性行为。小陈导致女友怀孕流产的行为，违反了社会以及自己所认可的道德规范，因而产生自责情绪，但过分自责会对当事人的身心造成较大的伤害。对于小陈过分自责的原因，我们

将从以下几个方面来分析：

第一，身心发育不够成熟，未能妥善处理与异性的关系。高中时期我们正处于青春期，与异性交往的分寸把握不当，很可能会偷吃"禁果"。但由于学生对性行为的安全意识不够，往往没有采取避孕措施，导致女方怀孕。学生并没有能力去承担这一后果，往往会不知所措，只能选择人工流产，这会对女方的身心造成巨大的伤害。从偷吃"禁果"到导致女生怀孕、流产这一系列行为都与传统道德观念不符，且学生普遍不知道该如何处理这些事情，因而会产生恐惧、慌乱、愧疚、后悔等消极情绪，进而导致过度自责。

第二，内控型归因风格的人更容易自责。根据罗特的控制点理论，内控型归因风格的人强调结果由个体的自身行为造成或由个体的稳定个性特征决定；外控型归因风格的人强调事情是由个体之外的因素所决定。小陈就属于内控型归因风格的人，他把导致女友怀孕、流产及其造成的严重危害完全归因到自己身上，以致产生严重的罪恶感，从而导致过度自责。

第三，中职学生正处于道德发展的价值观念阶段。根据科尔伯格的道德发展阶段理论，道德发展可分为三水平和六阶段，分别为前习俗水平（4～10岁）的避免惩罚阶段和相对功利阶段、习俗水平（10～13岁）的寻求认可阶段和顺从权威阶段、后习俗水平（13岁以后）的法制观念阶段和价值观念阶段。中职学生大多处于后习俗水平的价值观念阶段，也称个人良心定向或普遍道德原则阶段。这一阶段人们依据自己内在的标准行事，行为受到自我良心的约束。高中时期导致女生怀孕、流产是违背个人价值观念及道德规范的事，往往会引起极大的自责感。

心海导航

既然事情已经发生，如何积极应对才是一个迫切而有意义的话题。

★ 对自己的行为负责任，把伤害降至最低。在异性交往中，男女双方都要为自己的行为负责，对怀孕这个结果，双方都有责任，男女双方都要从这件事中吸取经验教训，每个人都得为自己的过错承担后果，仅仅自责是没有用的。所以，积极应对，主动承认自己的错误，告知父母和老师，去正规医院就诊，把对身体的伤害降到最低，用负责的行为去减少自责的心理。

★ 找到事情的积极意义。犯错一次，成长一次，做事三思而后行，考虑清楚其可能带来的后果，以及该后果是否在自己的承受范围以内，以免造成自己无法承担的后果。从此好好呵护身边的人，绝对不犯相同的错误。树立安全、健康、负责的性价值观。

★ 寻求支持与帮助。这种事情发生后，肯定对男女双方的心理都产生极大的影响，所以我们要主动求助，寻求专业老师进行心理干预，尽快走出情绪的沼泽。相信专业老师一定可以用专业技术处理内疚情绪，从而让我们正常生活。身心是一个系统，若长期心情不好，会导致身体产生疾病，所以想要身体健康，首先要心理健康。

18 性别认同存在偏差，怎么办

心灵迷思

平平是职高二年级的女生。在日常生活中，平平喜欢把自己打扮成一个酷酷的"小伙子"。很多女生觉得平平长得很秀气，打扮得酷酷的，很喜欢和平平一起玩，因此平平的周围总是围着一群女生。甚至有时候隔壁班的同学听说平平之后，也会跑过来偷看平平。平平十分享受这种众星捧月的感觉。但是，时间久了之后，一些不好的传闻传到了平平的耳中，总有人说平平是一个同性恋。同学们背后的指指点点，让平平十分苦恼。同时平平也感到十分困惑，不知自己到底是否真的是同性恋？

心路探究

性别认同是对一个人在基本生物学特征上属于男或女的认知和接受，即理解性别。性别角色标准是社会成员所公认的适合于男性或女性的动机、价值、行为方式和性格特征等，反映了文化或亚文化对不同性别成员行为适当性的期望。性别角色认同是对一个人具有男子气或女子气的知觉和信念，幼儿期大多数儿童的性别角色认同开始于父母认同，内化父母的标准、价值、态度和世界观。性别角色偏爱是指与性别角色相联系的活动和态度的个人偏爱。平平偏爱与男性角色相联系的活动，其性别角色认同也偏向于具有男子气，这与传统的性别角色标准有所不同，出现了性别认同偏差。造成性别认同偏差的原因是多方面的，我们将从以下几个角度来分析：

"异性化现象"是一种很常见的现象，常发生在青春期阶段。性别角色是指个体在社会化过程中通过模仿学习获得的一套与自己性别相应的行为规范，反映社会文化对男性和女性行为的适当期待。男、女是指个体的生理性别，而性别角色是指社会性别。性别角色异性化是指男性女性化和女性男性化，即男性表现出极端的女性特质，女性表现出极端的男性特质现象。一般来说，女性性别角色异性化者多于男性，这可能是因为，一方面在男女平等的要求下，女性对自己的看法有所改变，拥有了更多"坚强""理性"等传统上认为男性应有的特征；另一方面，现代社会对于女性的要求越来越高，无论是在学历上，还是在职业上，都对女性有了更高的标准，这些也需要女性具有更多的男性特质。

心海导航

当学生出现了性别认同偏差时,我们给出如下建议:

⭐ 正确认识"异性化现象"。异性化并不等于同性恋,当发现自己的穿衣风格和行为方式出现异性化现象时,不应过度自责,注意区分中性化与异性化,中性化是正常的,而异性化过于严重会对身心产生影响,要注重调节。另外,要正确认识同性恋现象,了解同性恋将面临的压力。

⭐ 要有正确的性别观念,形成正确的性别认同。自身的行为应当符合性别角色标准,并按照性别角色标准来对待自己,不能因为自己想成为男孩而当男孩打扮,或因为自己喜欢女孩而当女孩打扮。穿衣打扮还需要考虑时间、地点、场合等因素,让自己成为一个穿搭高手。

⭐ 寻求专业心理咨询师的帮助。定期接受心理治疗,接受心理老师的支持和关爱,一步一步认识自我,形成正确的性别认同。认识自我是一个漫长的过程,如果有机会做心理咨询,可以加速认识自我的进程。

 "因爱生恨"恐惧社交,怎么办

心灵迷思

小艾家庭富裕,爸爸是工程师,妈妈是家庭主妇。小艾3岁之前是由妈妈的朋友抚养的,妈妈每隔一周进行一次探望,3岁以后被带回家抚养,妈妈一直很溺爱小艾。初中阶段,小艾曾经交往过一个特别要好的朋友,但后来因为一些原因,两个人的友情戛然而止了。初中毕业之后的暑假,她一方面惦念着她与好朋友的友情,一方面又埋怨对方。上高中以后,她对与陌生人和同学的社交产生了很深的恐惧。她一方面渴望得到友谊,在心理上希望能广交朋友,但另一方面又极度恐惧,变得敏感、自卑,对周围的人不信任,性格变得孤僻。

心路探究

这是一则关于中职学生社交恐惧的案例。恐惧是一种人类心理活动的状态,也是一种情绪的不良反应。从心理学来看,恐惧是有机体企图摆脱、逃避某种情景而又无能为力的情绪体验。我们在社交时出现的恐惧心理主要是以自闭、恐惧、焦虑为主的综合心理障

碍。它的表现形式是一种不敢交友、害怕社交的自闭心理；有些学生有社交的欲望但得不到满足，因此就会产生焦虑。青春期在交往中最容易出现这种恐惧心理，这种现象男、女生都可能发生。高中时我们产生这种社交恐惧现象的主要原因可以从以下几个方面去解释：

首先，在进入高中之前的交往过程中，我们可能碰到过挫折、麻烦、失败，或者受到过嘲笑、讽刺、拒绝等，从而对心理造成沉重的打击，在情绪上产生不愉快的心理表现。时间久了，使我们对人群感到恐惧，以致害怕与人交往，和人说话时就会出现紧张、焦虑、不安等情绪。俗话说："一朝被蛇咬，十年怕井绳。"出现社交恐惧的心理可能来源于往日的直接创伤经历。

其次，在进入高中之前，我们各方面的性格已差不多养成，良好的个性会赢得好人缘。中职学生存在社交恐惧可能与性格也有密切关系。像那些有害羞、依赖、胆小心理的人就容易产生过度的焦虑和紧张，所以，这种类型的学生在交往时就会被个性左右，多思、多疑成了促使社交恐惧迅速滋生的土壤。

再次，在进入高中之后，我们的自我意识和独立意识在不断增强，自尊心变强，容易受到别人的影响从而产生一定的恐惧心理。我们看见或听见别人在交往中所遭受的挫折及困境，自己就会感到痛苦和害怕。于是就会产生紧张、焦虑、恐惧的情绪。

最后，家庭环境、父母关系、父母与子女的关系、自身缺乏自信、极度自卑都可能导致我们的社交恐惧。

心海导航

因此，针对我们在进入高中之后面临的社交恐惧的心理问题，提出如下建议：

⭐ 科学看待曾经的"友谊之舟"。从上文中不难发现，初中时的友谊破裂对小艾造成了很大影响，小艾觉得最好的朋友也不可信。所以遇到类似的情况，我们可以先从那件事说起，找心理老师做辅导，澄清事实，转变认知，去除非理性信念，消除一些认知误会，不要以偏概全。

⭐ 学习人际交往技能。在与人交往过程中做到互相理解，互相尊重，真诚友好。懂得人际交往的黄金法则，希望别人怎么对待我，我就先怎么对待别人。

⭐ 悦纳自己，增强自信。停止对自己的挑剔、批判，不苛求自己，不急于从负面情绪中逃开。面对自己后，常常发现事实没有想象的那么可怕。勇敢地去尝试，快乐时与朋友一起分享，不愉快或有困难时向朋友诉说，时间久了就会体会到友谊的价值。

⭐ 经常做一些放松练习。放松可以缓解恐惧与焦虑，我们可以进行正念呼吸、冥想等，让身心更加宁静。通过大声叫喊的方式，慢慢突破自我限制的信念。好的心理状态可以促进人际交往的顺利进行。

20 男女交往"跨越禁区",怎么办

心灵迷思

阿璇和阿超是高二某班的同班同学,在高一时两人相互有好感,经常在一起学习、活动,同学们经常会调侃他们。两人成绩一直都不错,到了高二,双方的关系迅速升温,在班级里经常有一些亲密的举动,尤其有一些在同学看来有些"过火"的行为。比如两个人经常说话时靠得很近,或者阿璇会坐在阿超的腿上,甚至发生身体敏感部位的接触。最近,班主任听到班里流传两个人做出"偷尝禁果"的事。面对这个问题,班主任曾向两人询问,但两个人都含糊其词,并不承认这件事。直到在一次全校体检时,发现了阿璇意外怀孕的事实。

心路探究

异性交往"跨越禁区"通常是指在未成年阶段的我们与异性产生隐喻着"性"的行为甚至性行为的现象。学生的异性交往会"跨越禁区"最主要的原因是学生的生理和心理发展。学生的青春期伴随着快速的生理成熟(包括荷尔蒙的分泌和性器官的成熟),学生的性意识逐渐觉醒,我们对性充满着强烈的好奇心。在与异性交往的过程中,我们往往不能把握好和异性交往的尺度。

学生在青春期的心理变化突出表现在两个方面:一方面是由于神经调节和激素调节,身体迅速生长,新陈代谢旺盛,爱动不爱静,易感情用事,易冲动,自我意识的发展和强烈的自尊心促使我们不愿服输,总想展示自己。另一方面是我们开始对性知识产生兴趣,对两性关系已有朦胧意识,但又不是很清楚,对异性产生好感,出现性意识的萌动。由于青少年身体的成熟早于思想的成熟,往往会在一些问题上出现困惑或不健康的想法。若得不到正确引导,我们可能会通过不正当途径来探索两性知识,造成不良后果。

所以,进入青春期的学生,必须正确地认识性问题,懂得自尊自爱、自立自强,懂得要承担的责任,不要一时冲动跨越界线。

心海导航

我们不提倡过早发生性行为,对于青春期的我们,身体发育日趋成熟,但心智水

平还比较稚嫩，过早发生性行为会对我们的身心健康产生危害。异性之间交往如何预防"跨越禁区"，以及防止性行为所产生的身体伤害或意外怀孕等不良后果，我们有如下几条建议：

★ 正确看待异性交往。处于青春期的我们，对异性产生好感是正常的，但是和异性交往需要有正确的方式和适当的距离。我们不提倡私下单独交往，公开的、群体性的异性交往既可以促进我们对异性的了解，又可以规避交往过密的风险。男、女生都要有自控意识，懂得自尊自爱。

★ 正确看待性行为。了解到性行为不是随便的事，而是需要担当、负责任的事，过早发生性行为对身心都会造成很大的危害。我们要主动学习性知识，了解性知识，防患于未然，同时也要学习一些避孕常识。

★ 坚守三道防线。浙江省著名生命教育专家韩似萍教授建议我们要构筑"三道防火线"。第一道：不去不安全的环境。任何一个性刺激对我们来讲都是危险的，所以我们不要穿太暴露的衣服，男、女生之间不讨论性话题，不一起看性相关视频。第二道：学会拒绝。在与异性交往时学会判断，如果遇到对方进行性挑逗，要尽早"刹车"，当对方有不合理要求时，一定要学会拒绝并表明态度。第三道：寻求精神支持。我们成长的过程也是试错的过程，如果真的做了，相信父母也许会有情绪，但一定会帮助自己，一定要记得回家。

因喜欢同性遭同学排斥，怎么办

晓红今年升入了高二，长久以来一直有个问题困扰着她，就是喜欢同性的问题。从初中开始她就有很多异性朋友，但是她内心一直将那些男生当作普通朋友对待，反而一些女生会更吸引她。她常常会对一些女生产生异样的情愫，在与别人交流的过程中，她了解到自己这样的情况可能是"同性恋"。但是在周围人的眼中，同性恋都是不正常的人，都是"异类"。很多同学谈到同性恋都秉持着厌恶、排斥的态度，这让晓红很害怕别人知道自己喜欢同性。但纸包不住火，她喜欢同性这件事不知怎么就被传了出去，从那以后男生们就会经常拿这个为借口调侃她，而女生们渐渐地也开始疏远她。一旦有女生跟她走得近一些，就会有别人在背后议论纷纷，这让她的朋友越来越少，让她的内心备受煎熬。

心路探究

有一些青春期的少男少女会遇到这样的困惑——自己是不是同性恋？因为在和同性伙伴交往的过程中，有些时候会对对方产生"特别"的喜欢，而这种喜欢在别人身上似乎都是指向异性的，所以会产生自己是否是同性恋的疑问。而一旦他人发现自己的这种"异样"情结后，很容易会被别人取笑、嘲弄，甚至被当作异类，开始被区别对待。同性恋究竟是不是正常的？如何帮助这类学生摆脱情绪困扰、改善交友状况呢？我们首先针对青春期学生对同性朋友出现喜欢情愫的原因进行分析。

同性恋和同性依恋的关系。当学生出现喜欢同性的现象，总会被别人认为是性取向出了问题，容易被定义为"同性恋"。其实，青春期的学生喜欢同性的情况比较多的是"同性依恋"，同性依恋和同性恋的区别是什么呢？

同性恋是指一个人在性爱、情感、心理上感兴趣的主要对象均为同性别的人，而不管这样的兴趣是否有外显的行为。同性恋是人类社会中普遍存在的一种性行为模式，它和异性恋、双性恋一起，被认为是性取向的三种类型。同性恋并不是性取向出了问题，也不是一种心理疾病，而是一种正常的心理表现。

同性依恋则是指个体在特定情境中将同性作为爱恋依托对象的倾向和行为，既包括思想、情感，也可能包括性爱行为，它只是青春期少男少女的一种情感联结方式。同性依恋的男孩、女孩中，如果没有同性恋发展的生物因素，则真正的同性恋极少。

性别同一性混乱。青春期学生正处于性别同一性形成阶段，在这个阶段的学生如果没能形成性别同一性，就会发生性别同一性混乱。比如可能受到流行文化的影响，并不能准确地获得性别的认识，在穿衣打扮、说话方式上受到明星、名人的影响，男生可能会变得娘娘腔，而女生可能会变成女汉子，当性别同一性无法获得，会影响学生发生同性依恋。

心海导航

出现同性依恋现象本身是正常的，是学生在成长发展过程中很有可能出现的现象，帮助学生正确看待这种现象，正确对待自己的感情，才能帮助学生以后更好地和同性或异性交往，如何处理学生对同性依恋的看法，我们给出了以下几条建议：

★ 建立性别同一性。获得性别同一性是个体发展重要的过程，通过对两性生理健康知识的获取，我们要悦纳自己的性别，成为更好的自己。了解作为男生、女生的行为准则，可以学习一些绅士、淑女知识。

★ 提倡适当的异性交往。在我们学习生活过程中，保持适度距离的异性交往，坚守纯洁的友谊，做到自然地、正常地和异性交往，减少同性间过度的依赖，在一定程度上会减少同性依恋的倾向。

★ 寻求专业咨询。如果确定自己真的是同性恋，可以寻求专业的心理咨询。心理咨询师对这个问题会有更多的包容和理解，也可以开展针对性的辅导。即使自己确定是同性恋，这也是正常现象。同时做好心理建设，了解作为同性恋者可能面临的各种心理压力。对于如何看待别人的性取向，这是个人的私事，我们不要去评论别人。

22 从小被父亲抛弃，从此厌恶男性，怎么办

心灵迷思

欣欣出身于单亲家庭，从小和母亲相依为命，一直对男性抱有敌意。从上小学开始，欣欣就很少和男同学交流、玩耍，即使老师将欣欣和男生单独安排在一组进行活动，欣欣也对同伴保持冷漠。欣欣甚至对男老师也抱有敌意，一直以来只要是男老师教授的课，她的成绩都不会太好，因此她的中考成绩并不理想。高中的男生有的比较顽皮，经常会主动招惹她，她常常会用很冷漠的方式对待他们，甚至会辱骂对方。但越是这样，班级里的男生越喜欢招惹她，甚至这种行为到后面变成了一种竞赛，一些男生会争先恐后地招惹她，这让她十分痛苦。

心路探究

女性对异性产生过分的恐惧，是一种特殊恐惧症的体现，在心理学上有一个专有名词解释这种症状——"恐男症"。恐男症指的是对男性或男性气质的恐惧现象，这种症状属于异性交往障碍的一种。女性如果患有恐男症，会对其正常的社交生活产生严重的影响。在青春期的少男少女中，似乎每个班总有那么一两个男生或女生在异性交往方面有困难，究竟是什么原因造成这种特殊的交往障碍呢？

童年期的创伤事件往往是产生异性交往障碍的主要原因。有调查显示，患有异性交往障碍的个体大多数在童年期受过一定的创伤，而这种创伤经历和异性有关，或者这件事一定带有暗含异性的信息。经过创伤事件后，孩子就容易对异性产生恐惧、回避的行为，如果没有得到及时的帮助，就会将这种恐惧行为泛化到所有异性上，严重影响正常生活。

很多学生可能没有创伤经历，也没有特殊的生理因素，但是在长大后也会对异性交往产生焦虑情绪，并且慢慢发展成异性交往障碍，这往往是不良的家庭环境造成的，孩子从小形成对异性的恐惧心理，缺少对异性的了解，在成长的过程中一旦缺少对异性信息的接触，进入青春期面对更多的异性、更丰富的社交环境时，就会产生对异性过分的恐惧。

心海导航

异性交往障碍毋庸置疑会对学生的学校生活、社会交往产生较大的影响，如何对学生的异性交往障碍进行预防和干预，我们给出以下一些可行的建议：

★ 寻求心理咨询帮助。对于异性交往障碍，前期通过咨询和分析，我们可以告诉老师过去生活的经历和童年期的创伤，揭露过去的经历，同时在心理上接受他人的帮助和支持，避免对这段经历产生更大的痛苦，明白这也是成长过程中的体验，随着个体不断成长，可以改变自己的生活方式。

★ 改变对异性不合理的看法。对于自己的异性交往障碍，可以通过一些积极的手段来克服，比如主动接触一些优秀的异性同学，发现他们身上的优点，尝试和他们接触。一开始可能有些困难，可以通过"逐级暴露"的方法。比如先从其他同学那里了解一些信息，慢慢做到见到异性同学不再逃离，再尝试与他们进行交流，切忌太过急躁，强迫自己和对方交往，这样往往适得其反。

★ 积极参加群体性活动。多参加男、女生一起的活动，可以先在一些交往氛围较好的地方参加活动，借助集体的力量消除恐惧和尴尬。在活动体验中锻炼自己，就可能渐渐从创伤中走出来，最后对异性形成一个正常的认识与感觉。

 总喜欢以自我为中心，怎么办

心灵迷思

高二女生小红，自我感觉很好，平时大大咧咧，说话声音很大。她总是以自我为中心，希望同寝室的同学都听她的，同学不服从她，她就找碴儿吵架。小红平时说话常常流露出很强的优越感，还会嘲笑班里条件差的女生。班级文艺节目彩排，小红老想让自己站在最中间的位置。久而久之，同学们就渐渐远离她了。她却不知道问题出在哪里，没办法理解别人的感受，总是以自我为中心，怎么办？

 心路探究

自我意识也称自我，自我是心理学的重要概念，是个体意识发展的高级阶段。正确认识自我、悦纳自我，是心理健康的重要内容。自我意识的常见误区有自卑、过度自我认同、自我中心、苛求完美等。小红就属于自我中心类型。

自我中心的人把注意力过分集中在自己的需求和利益上，赋予生活的意义是"乐此不疲地觉得自己是最重要的人物，并获取心中想要的每件东西"。凡事从自我出发，不能设身处地地进行客观思考。只关心自己，遇事先替自己打算，不顾忌他人的感受和需要。他们往往颐指气使，盛气凌人，处事总认为自己对、别人错，喜欢把自己的意志强加于人。事事争强好胜，赢得起，输不起。因而不易赢得他人的好感和信任，人际关系大多不和谐，做事难得他人帮助，易遭挫折。自我中心的产生原因有以下两种：

中职学生正处于青春期，是自我意识发展的第二个飞跃期。这一时期的学生有较强的独立意识，意识到自己是一个有需要和利益的人。这一时期学生的自尊心、自信心增强，很喜欢受到别人的关注，得到别人的尊重。这一时期也有强烈的自我关切意识，开始有意识地审视自己的需要，当意识到自身需要的合理性和必然性时，就会毫不犹豫地按照自己的需要来衡量一切、评价一切。

错误的家庭教养方式也会导致学生以自我为中心。娇生惯养的养育方式使孩子在家里是"小皇帝""小公主"，想要什么就有什么，家长围着孩子转，满足孩子的一切需要，哪怕是不合理的要求。现在的学生中独生子女占绝大多数，从小生活在"以我为轴心"的家庭氛围中，习惯了依赖别人的生活，片面地认为别人都是为自己服务的，没有"利他"观念。

心海导航

★ 首先，正确的自我意识是至关重要的。克服自我中心，首先得摆正自己的位置，走出自我的小天地。既重视自己，也不贬低他人，自觉地把自己和他人、集体结合起来。每个人都有各自的欲望与需求，也都有权利与义务，这就难免出现矛盾，不可能人人如愿。这就要求我们正视客观现实，学会礼尚往来，在必要时做出让步。这样才可能获得别人的理解与尊重，从中体验到人生的价值与幸福。

★ 其次，要实事求是、恰如其分地评估自己。既不高抬自大，也不妄自菲薄。孔子曰："吾日三省吾身。"认识自我最好的方法是内省和反思。可以经常这样问自己："我的优点是什么？""我的缺点又有哪些？"还可以通过他人的评价来认识自己，可以听听家长、老师、同学对自己的评价。同学之间的互评，老师给予的具体而有个性的评价，都有助于我们自我意识的提高。应注意评价的准确性、全面性、公正性，不切合实际的、片面的、不公正的评价也可能导致自我认识的误区。当然，我们应正确对待他人对自己的评价，从分析他人对自己的评价来进一步认识自我，不应该因别人指出自己的缺点而耿耿于怀，更不应该因自己的优点而沾沾自喜。

★ 最后，要学会移情。多设身处地地从他人的角度思考问题，尊重他人的感受、关心他人。学会换位思考，己所不欲，勿施于人。照顾到他人的感受，经常赞美、肯定他人。这样，就可以走出以自我为中心的圈子，做到心中有他人。

24 失恋了很痛苦，怎么办

心灵迷思

高一女生小雪，刚入校时在一次社团招新活动中认识了隔壁班的一位男生，于是大胆地向他表白了，那位男生也同意做她的男朋友。但是过了一个学期，男生突然提出分手，并很快有了新的女朋友。小雪感到像世界末日降临一样，经常默默流泪，上课也听不进去。她觉得自己快要疯了，承受不了失恋的痛苦，该怎么办？

心路探究

处于青春期的中职学生，渴望并喜欢与异性同学交往，是很正常的心理现象。同时，随着性意识的觉醒，少男少女之间也容易产生恋情，发展成男女朋友的关系。但多数学生因为性教育与爱情教育的缺失，会对爱情产生错误的认知，并容易在一段所谓的恋情中受到伤害，对于青春期的学生来说，为什么会容易被爱情伤害呢？

首先从爱情的本质上讲，青春期的学生究竟有没有爱情呢？美国耶鲁大学心理学家斯坦伯格提出爱情三角理论。他认为，爱是由激情、亲密和承诺三个部分组成的。激情是指男女之间本能的异性吸引，是情不自禁的欲望，是原生的力量。亲密则是指两个人通过相互沟通，彼此经常分享自己的内心世界，并得到对方的接纳，代表两个人的坦诚。当双方通过不断地相互了解而变得越来越亲密时，终于有一天，双方愿意为对方承担责任，并与对方保持长久的关系，这就是承诺。亲密、承诺和激情的组合，可以派生出不同类型的爱，唯有三个因素合一的爱，才是人们追求的完美爱情的理想境界。从心理学角度看，学生因为青春期心理和生理的发育，会对爱情产生一定的幻想和期待，但从爱情的组成部分上看，学生很难在本年龄阶段实现真正的爱情，而只是获得了爱情的一部分体验。

从学生的角度来看，学生性生理和心理发展不平衡是产生这一现象的根本原因。学生进入青春期后，在性激素的影响下，生理上第二性征开始发育，性机能日趋成熟。心理的变化使学生的性冲动越来越频繁、越来越强烈，但是相比于生理上性机能的成熟，学生性心理的发展却远未达标，性心理成熟年龄相对滞后。在处理与异性的关系时，往往把握不好正确的尺度，又因为性心理的发展所导致的对异性强烈的好奇和冲动，容易在和异性交往时过多地将情感倾注于对方身上，也容易沉溺于自己幻想出的"爱情"里，甚至从中受到伤害。

心海导航

那么，怎样才能尽快地从失恋的阴影中走出来呢？

⭐ 合理情绪疗法。人们的情绪障碍是由不合理的信念所造成的，合理情绪疗法就是要以理性治疗非理性，以合理的思维方式代替不合理的思维方式，从而最大限度地减少不合理信念给情绪带来的不良影响。比如人们常有"你应该永远对我好，你不可以和我分手""糟透了""我再也受不了了"等非理性信念。我们要注意检查并用理性的信念去替换非理性信念。主要方法包括：写下自己目前的心理想法、用合理的逻辑来判别自己的认知是否有问题、尝试写下理性思维是如何解决这个问题的。我们在使用此方法时，可以咨询学校心理健康老师，在老师的协助下完成合理情绪疗法，来转变自己的不合理情绪。

⭐ 注意转移法。我们如果在苦闷、烦恼时，可以与触发事件暂时做个切断，把注意力转移到其他地方。如看看影视作品、读读书、参加体育运动等，把自己从消极的情绪中转移出来，参与到有意义的活动中，体验平静的情绪。当情绪平静下来的时候，我们反而容易找到解决问题的方法。

⭐ 合理宣泄法。有消极情绪时，不要独自默默承受，而应通过某种形式去发泄，如将心头的苦闷向老师、亲人、朋友倾诉，或干脆选一个适当的场合大哭一场，还可以进行激烈运动、放声歌唱、大声叫喊、写日记等。不提倡把不良情绪长期积压在心里。也可以寻求老师通过心理团辅课学习情绪转换技巧。

⭐ 从经历过的异性交往中吸取经验教训。下次再恋爱可以避免类似的问题，反思自己在交往过程中的经验，处理心理创伤，走出心理阴影。

25 班干部在工作中左右为难，怎么办

心灵迷思

小亮，高一男生，16岁，平时学习认真，在班里担任副班长。有一次，同寝室另外3名同学因抽烟被宿管老师批评、扣分。班主任了解情况后，得知这3名同学曾多次在寝室抽烟。班主任很生气，批评那3位同学之后，连着批评了小亮，认为他作为同寝室的同学，而且是班干部，居然"知情不报"，还说这是很不称职的行为。小亮觉得很委屈，对班主任也无言以对。他感到左右为难，心情很不好。

心路探究

小亮为什么会"知情不报"呢？他在一次咨询中道出了原委，他说："假如我把同学的错误报告老师，同学肯定会恨死我的，那我在寝室的日子肯定不好过。但我作为班干部，看见了却不管理也不报告，好像也不对，真的很纠结。"相信我们不少同学都曾经碰到过类似的经历。既害怕被同学们孤立，又害怕被老师批评，这是我们左右为难的主要原因。

很多研究表明，良好的同伴关系在自我同一性发展过程中，起到很重要的作用。"同一性之父"埃里克森指出：自我同一性是个体在过去、现在和未来这一时空中对自己内在的一致性和连续性的主观感觉和体验，以及被他人所知觉到的个体自身的一致性和连续性，是个体在特定环境中的自我整合。高中时期处于青春期，是自我意识不断发展的重要时期，也是自我同一性形成的重要时期。此时的我们正经历着生理、认知、人际关系和社会角色等方面的巨大变化，并要面对和处理由这些变化带来的矛盾、问题或压力等。如果能适应这些变化，并在面对和处理的过程中获得成长的话，就能促进自我同一性的形成；反之，则可能会使自我同一性出现危机。

高质量的同伴依恋关系可以有效减少学生自我同一性形成过程中的孤独和焦虑体验，也可以形成较高的价值感。学生的价值感主要有同伴价值感、同性价值感、异性价值感。同伴价值感是我们成长最重要的动能之一，这也是为什么有时候家长、老师多年的唠叨还不如同伴的一句话。因此，当我们面对长辈和同伴时，心中的天平会偏向同伴，不想被同伴疏离。所以"知情不报"就非常可以理解了。另外，部分老师对班干部的不恰当定位也会造成我们左右为难的境况。

心海导航

那么，作为学生，当因为这种境遇被老师指责的时候，我们可以怎么办呢？

⭐ 要勇敢地表达。面对老师，说出心里的担心和苦衷。心平气和地向老师解释自己对同伴关系的重视，怕被同伴疏离。老师听后会更好地理解我们。

⭐ 对同伴犯错，想办法引导规劝，发挥自主管理。作为班干部，充分发挥组织管理能力，和其他班干部开展同伴教育，本着为他们好的初心。不可"求功心切"，马上报告班主任。用真诚的心去感化同学。这样，既履行了班干部的职责，又维护了同伴关系，可谓一举两得。

⭐ 和班主任一起开展针对性的主题班会课。发现问题，解决问题，对事不对人。人可以不追究，但是非要分清。这样，就能从源头上解决问题。采用间接的方法，让同学知道吸烟的危害，从而达到让其自动戒烟的目的。

⭐ 当面对同伴犯错，如果是性质严重的，还是要"知情必报"的。如果可以的话，提前制止同伴的犯错行为，如果为了同学不被严厉处罚，报告老师也要有技巧，总之目的是帮助同学。

情绪问题

1. 脾气暴躁，容易发火，怎么办

心灵迷思

小贾在班里人缘一直不是很好，因为他是出了名的暴脾气男生。刚进入高一的时候，他就和班里的一位男同学大打出手。事后同学们才了解到，只是因为那位男同学在和别人打闹时碰到了他，并笑嘻嘻地向他道歉，他就觉得对方的行为让他很生气，便和对方打了起来。之后的一年中，小贾几乎与班上的每个男同学都发生过冲突，并且很多时候都是他先动手，他认为对方的行为惹怒了他。现在班里的同学都不太敢招惹他，女生也不敢和他交流，因为他也经常对女生发脾气。在与班主任的交流过程中，小贾表示他也控制不住自己的脾气，当别人惹着他的时候，只要对方的态度不是很好，他就会很生气，控制不住自己用暴力的方式解决问题。

心路探究

一个人脾气大容易发火的性格特点是由多种原因造成的，与自己的气质类型、家庭环境及教育方式等都有关系。一般来说，善于沟通表达、亲子关系良好的学生往往脾气比较平和稳定。另外，若一个人的消极情绪长期得不到宣泄，达到一定量的累积后，也容易导致坏脾气的形成。

对于青少年来说，脾气大与自身情绪调节能力相对较弱也有很大的关系。青少年负责情绪的脑区还未发育完全，这会导致发育期的青少年有感情判断失常、举止暴躁等表现。心理学上把情绪调节分为减弱调节和增强调节：表情抑制是对已经唤醒的情绪进行克制，属于减弱调节；表情宣泄是对已唤醒的情绪进行尽可能地感受和表达，在表情行为上更夸张地表达自己的情绪感受，属于增强调节。研究发现，进入青春期后的青少年更倾向于使用增强调节，因而显示出情绪驾驭行为的高度冲动性与爆发性。这时，一旦有外在刺激出现，情绪就会爆发，行为也会被情绪控制。如小贾，只要同学一"惹"他，他就会攻击别人来表达自己的情绪。

进入青春期的青少年，自我意识逐渐觉醒，希望独立，渴望被人平等对待，身心发展不平衡，对身边的事情异常敏感，情绪体验强烈且易于波动。情绪一旦被激起，就容易大动肝火。

心海导航

面对脾气暴躁、容易发火的现象，我们可以怎么做呢？

⭐ **做检查，排除精神心理疾病。** 当感觉脾气发作程度明显与外在刺激不对等，并且频率高，强度大时，就需要家长陪同我们去医院做些检查，排除是否患有躁狂症、精神分裂等心理疾病。

⭐ **学会情绪管理。** 当预感暴脾气要发作时，控制自己几秒钟时间，深呼一口气，从1数到10，连续多次，这样容易使愤怒中止。过后，应积极探求原因，学会合理表达，努力消除误会或改善关系。只要冷静分析，通过日常生活中的小事进行自我矫正，耐心细致，暴躁易怒的不良性格倾向是可以得到逐步改善的。

⭐ **探寻原因，树立信心。** 不良的个性品质是可以通过自我教育得到改善的。我们可以在生活中进行练习。例如，找一找脾气暴躁的根源，从什么时候开始觉得自己变了，爱发火了。找清原因后，自己想一想现在还值不值得那样做，和亲近的人讨论一下，共同解决问题。

⭐ **情绪的修行是一生要做的事情。** 学会容忍，学会宽容。看看身边的榜样，学习优秀的人是如何处理冲突和经营人际关系的。另外，保持充足的睡眠、改善饮食、进行体育锻炼等都有助于情绪的稳定。

 与父母、老师对着干，怎么办

心灵迷思

小伟，高二男生。他学习成绩较差，对学习不感兴趣，性格倔强，个性刚硬，自尊心特强，逆反心理十分严重。经常和父母、老师发生冲突，有很强的抵触情绪，长辈越是反对的事情，他就越要对着干。在家里，一旦父母不能满足他的要求，他就使性子；在学校，小伟有一帮"好兄弟"，他们屡屡触犯校规校纪。每当老师批评他时，他会眼睛直视老师，头仰得很高，一副不服气的样子，甚至还和老师顶嘴，上课故意睡觉，不交作业，家长和老师都十分无奈。而每次和老师对着干后的小伟总是非常开心，因为自己成了班级中的"典型"人物，老师和同学们的注意力都在自己身上。但他不知道，自己给老师、家长带来了很多烦恼。

心路探究

我们经常听到父母和老师抱怨自己的孩子或学生正处于青春期,很叛逆,不好教育。比如爱和自己顶嘴,总是做出一些违反纪律的事情,这也导致众多父母与老师感到既生气,又无奈。这种事情很常见,学生叛逆行为的主要原因有以下几个方面:

相对于他人,学生更为敏感,在意他人的看法。这个时期的学生并不成熟,还不能做到充分地体谅他人。对于长辈的意见和建议比较敏感,更多地感到厌烦与唠叨,因此与长辈顶嘴、违反校纪校规的现象屡见不鲜。但这种现象会随着年龄的增长而好转,年龄较大的学生能够更好地在情绪和行为上控制自己。

学生随着在青春期独立意识与自我意识的逐渐增强,越来越希望摆脱父母和老师的束缚。我们渴望独立、渴望摆脱成人的管束,觉得自己已经是一个成年人了,因此我们极其渴望父母和老师将自己看作大人,尊重并理解我们。但是又因为这一时期的学生还不能完全独立,脱离父母生活,我们的内心存在一定的矛盾。因此部分人会做出反抗父母和老师的行为,以期引起长辈的注意,挑战他们的权威者角色。

心海导航

青春期的叛逆行为是受身心发展规律影响的,若能够积极适应,寻求对策,将有利于良好亲子关系、师生关系的建立。我们可以努力尝试以下措施:

⭐ 寻求心理老师的帮助指导。通过寻求心理老师的心理咨询服务合理表达情绪,减少我们的不良情绪。还能通过心理宣泄、沙盘游戏等活动宣泄自己的情绪,为调节自己的情绪找到一个好的方式。

⭐ 多角度看待身边的世界。对同一件事,看法不同,情绪也就不同。改变不了事情,我们可以改变对事情的看法。当看法改变、情绪好转的时候,相信我们的言行也会改变,我们的叛逆行为也会随之减少。

⭐ 学会和父母真诚交流。我们为什么会叛逆?很多时候是因为我们觉得父母不理解我们、不懂我们。所以,我们要主动交流,在事情发生前主动找他们沟通,争取他们的理解与支持。只要我们态度诚恳,真心交流,父母大多是会支持我们的。

⭐ 学习换位思考,站在父母、老师的角度,感受心情。作为一个善良的人,我们如果能体会到对方的痛苦,一般会主动改变自己的行为。

3 嫉妒心重，见不得别人好，怎么办

心灵迷思

小陈今年16岁，是家中的独生女，嫉妒心很重。她的同桌小张是个品学兼优的好学生。每次老师夸奖小张考试得第一名时，小陈就会在背后议论小张考试作弊。只要小张积极为班级做好事，小陈心里就不舒服，说小张爱出风头、爱表现自己。班上有同学穿着比小陈漂亮时，她便不高兴，背后说别人的坏话。久而久之，小陈的嫉妒心越来越强，凡是别人有比她强的地方，她便心生怨恨，妒火中烧，不仅背后议论他人，还恼得自己晚上失眠。为此，她感到异常痛苦。

心路探究

在学习过程中，许多同学都会产生和小陈类似的嫉妒心理。当看到自己身边的人在某些方面超过自己时，心中便会不平衡，有时甚至会愤愤不平，这种现象在心理学上被称为"嫉妒"。学生产生嫉妒心理的主要原因有以下几个方面：

对自己的认知偏差会导致自身嫉妒心理的出现。美国社会心理学家费斯汀格提出了社会比较理论，认为社会比较是一种普遍存在的大众心理现象，人人都自觉或不自觉地想要了解自己的能力如何，并且会在与自己相似的人群比较中获得对自己的评价。但是有一部分人对自己存在认知偏差，不能够根据实际情况准确地分析自己、认清自己的能力，专门与那些比自己起点高、基础好的人进行比较。这种不合理的社会比较使人们在和他人相比时，总是相形见绌，任由自己怎么努力都无法超越，从而产生嫉妒心理。例如，一个家庭经济条件并不富裕的学生，却总是和那些家庭经济条件优越的学生比穿着，看到别人身穿一身名牌的衣服，打扮得比自己气派，就嫉妒他们有优越的家庭条件。

不完善的逻辑思维能力也是自身出现嫉妒心理的重要因素。学生置身于一个充满竞争的校园环境和社会环境之中，学习成绩、人际关系、穿着打扮、老师关注、受欢迎程度等因素必然会引起学生之间的相互比较。在青少年时期，学生的辩证逻辑思维虽高速发展，但尚不成熟。当看到别人的学习成绩比自己好时，一方面只会看到别人比自己优秀，却未曾想过别人背后付出的辛劳；另一方面，又不愿意努力学习以提升自己的学习成绩，或者根本无力改变自己的学习现状。于是就会对对方表示不满，从而导致心理失衡，产生嫉妒心理。

> **心海导航**

嫉妒心理不仅会影响学生个人的学习和身心健康，还会影响同学之间的团结。面对嫉妒心理，不妨尝试以下方法进行调整：

⭐ 辩证看待，趋利避害。当表现出嫉妒时，应该具体问题具体分析。精神分析心理学家弗洛伊德曾说："嫉妒是一种情感状态，如悲伤一样可以归结为是正常的。"也就是说，善意嫉妒和恶意嫉妒并非绝对的。适当的嫉妒在某些条件下是我们积极进取、奋发向上的动力之一。在学习方面，需要将我们的嫉妒控制在一定的范围内，将其转化为学习的动力。

⭐ 悦纳自我，努力奋斗。明白别人的成功是靠自己的努力获得的，我们要向成功者学习，汲取他们的成功经验，而不是盲目地嫉妒。可以拜访身边的成功人士，了解他们成功的背后所付出的努力，学习正面榜样。树立正确的财富观、幸福观，幸福是奋斗出来的，没有凭空而来的成功，没有不劳而获的财富，在自己最该奋斗的时候选择努力奋斗，提升自我修养、工作能力，为走上工作岗位创造财富做好准备。

⭐ 将自己的"小我"缩小一点。嫉妒的背后是将自己看得太重要了。我们要心胸宽广，拥有利他之心。放下小我，多把嫉妒改为对他人的祝福，我们便会收获喜悦和幸福。嫉妒是一种不愉快的体验，祝福是一种美好的体验，同时会带来好的人际关系，我们可以用祝福替代嫉妒。

④ 缺乏信任，疑心重，怎么办

> **心灵迷思**

雯雯在学校有两个女闺蜜，平时她们三个人一直都是一起吃饭、上课、回寝室的。在其他人眼中，她们三个是最好的闺蜜团。但是雯雯并不这么认为，相反，她总觉得另外两个人玩得更好，自己是那个被孤立的人。在平时生活中，雯雯也总是疑神疑鬼的。每当她走进教室前看到其他人在讲话，而自己一进教室后大家就不讲话时，她就觉得同学们是在议论自己。因此，雯雯平时在行为上表现得十分积极，极力讨好其他同学，生怕其他同学孤立她。可是雯雯在心理上总是疑神疑鬼，觉得大家在孤立她。为此，她觉得很苦恼，怎么办？

心路探究

人际信任是形成良好的人际关系所必需的，是人际交往的第一要素。缺乏人际信任不利于形成良好的人际关系，从而导致疑心重，给自己带来巨大的心理困扰。造成学生疑心重的主要原因如下：

人际交往之间缺乏沟通和了解。雯雯对别人总有一种疑虑，常常会歪曲地理解别人正常的言行。只要别人不理她，她就会怀疑别人在孤立她。狭窄的心胸使她无法容纳别人对她的正确评价。

作茧自缚的封闭性思路，即思想方法主观。猜疑总是以某一假设目标为出发点进行封闭性思考的。同时戴上"有色眼镜"去观察他人，用别人的举动来验证，而不是修正自己的看法，常常会歪曲事实，对别人产生怀疑。

从精神动力学理论来分析，疑心重的人缺乏对自己和他人的基本信任感。而一个人的信任感始于一岁半以前，所以，良好的母婴关系是一个关键点。埃里克森的人格发展阶段认为，婴儿期面临的是基本信任和不信任的心理冲突，如果不能克服这一阶段的危机，那么便会遗留到后期。如果一个母亲情绪不稳定，对婴儿时好时坏，就会让婴儿琢磨不透，认为这个母亲不可靠，不值得信任，同时也会认为自己不可爱、不值得被爱，于是婴儿便会开始怀疑这个世界。雯雯可能婴儿时期没有完成"克服不信任"的任务，所以导致现在她对周围的人都不信任，疑神疑鬼。

心海导航

针对上述原因，我们可以怎么做呢？

★ 敞开心扉，增加心灵的透明度。猜疑往往是心灵闭锁者人为设置的心理屏障。只有放下心灵深处的猜疑，面对面地与被猜疑者推心置腹地交谈，"曝光"深藏在心底的疑虑，增加心灵的透明度，才能求得彼此之间的了解沟通、增加相互信任、消除隔阂、排除误会。及时地释疑、解惑，不仅能使歪曲的事实得到纠正，还能使不理解变为理解、不信任变为信任、不和谐变为和谐，改善和促进人际关系的健康发展。

★ 摆脱错误思维方法的束缚，走出封闭思路。要学会全面地、辩证地看待人和处理事。猜疑者往往把别人想得太坏，把事情看得太糟，问题分析太复杂，靠主观想象下定论，往往与事实不符。我们遇到猜疑苗头时，头脑要保持冷静，要全面地了解、客观地分析，本着实事求是的原则，去待人处事。对已发生或即将发生的事情做到不轻信流言，不主观臆测，多想别人的好处，多看别人的长处，进行积极的自我暗示，这样可将猜疑之念扼杀在萌芽之中。猜疑总是从某一假想目标开始，最后又回到假想目标。只有摆脱错误思维方法的束缚，扩展思路，走出"先入为主""按图索骥"的死胡同，才能促使猜疑之心在得不到自我证实和不能自圆其说的情况下自行消失。

★ 学会信任别人，获得别人的信任。猜疑者存有对人际关系不正确的价值心理，总是以一种怀疑的眼光看人，对别人怀有戒备，不肯讲真话，或戴着一副"假面具"与人交往，容易使人产生反感。信任是一个双向的过程，只有诚心地对待别人，别人才能诚心地对待我们，信任别人才能赢得别人的信任。信任是处理好人际关系的重要法宝，也是克服猜疑心理的重要方法。疑心重可以通过精神分析疗法，或者认知行为疗法得到一定程度的改善。信任是一种能力，拥有对别人的信任，自己也会感觉心情舒畅，身心健康。

自我情绪容易失控，怎么办

小张是职高一年级的男生，平时比较乖巧，在班级中也比较低调。有一次同桌和小张开玩笑，两人有说有笑，同桌突然冒出一句脏话，小张顿时十分恼火，拿起凳子就砸向同桌，还好被同桌灵活地躲开了。此后，小张在和同学交往的过程中，类似的情况时有发生，甚至有一次把同学的鼻梁骨打歪了。每一次小张在自己冲动之后都十分后悔，觉得自己太冲动了，其他同学也没有恶意，自己实在不应该伤害同学。但是每一次事情发生时，小张就是无法控制自己的情绪。为此，小张觉得十分苦恼，不知道该怎么办。

小张这种现象在青少年群体中比较容易出现。当青少年与他人出现矛盾时，常常会无法控制自己的情绪，做事莽撞，易走极端路线，出现过激的言行，在不经意间伤害他人，甚至自伤。长此以往，难免会对自身和他人的心理发展产生不利影响。青少年情绪敏感、易失控的主要原因可以从以下几个方面进行解释：

情绪调节能力较弱是青少年情绪敏感、易失控的重要原因。脑成像技术显示，青少年的高风险行为源于大脑的边缘系统和前额叶皮层发育的不匹配。边缘系统负责情绪的产生，边缘系统在青春期快速发育。但是前额叶皮层发育相对较晚，它主要负责个体的情绪调节，能够为个体提供合理判断和冲动控制。一般而言，前额叶皮层到20岁左右才能完全发育成熟，而如今青少年的青春期却在不断提前，所以边缘系统和前额叶皮层发育不匹配的时间跨度正在拉长。可见，青少年负责情绪调节的脑区还未发育完全，容易在感知、情绪等方面做出错误判断。因此，在日常人际交往中，青少年有时很难对自己的情绪进行控制和调节，而导致感情判断失常，容易失控。

辩证逻辑思维发展不成熟，也是青少年情绪不稳定、易失控的重要原因。青少年的辩证逻辑思维虽发展迅速，但其成熟和完善则要到青少年中晚期甚至成年期。有调查发现，只有半数青少年的辩证逻辑思维达到初步掌握水平。因此，相当一部分青少年还不能以普遍联系、变化发展和对立统一的观点去看待和理解事物，不能够全面辩证地、一分为二地看待和分析问题。典型表现就是，往往抓住一点就无限地夸大或缩小，自以为看到了事情的全部，容易不自觉地固执己见，对与自己有不同观念的人心存偏见，记恨在心，进一步导致青少年在与自己有不同观念的人交往时，容易情绪失控，大发雷霆。

心海导航

为了改善情绪敏感、行为容易失控等现象，提升与他人的正常交往能力，以下几点建议可供参考：

★ **提高辩证思维能力。** 通过提高辩证思维能力，克服逻辑思维比较片面的缺点，以一分为二的观点全面客观地分析问题、解决问题。可以通过角色扮演、头脑风暴、思维导图等方式丰富看问题的视角。

★ **控制冲动行为。** 在日常生活中做适当的宣泄，避免积攒负面情绪。当火气要上涌时，有意识地转移话题或做点其他的事情，比如可以和同学聊些开心的事情或者去跑步、放松心情等；也可以留心观察生活场景，搜集他人处理问题的方法。

★ **学会自我情绪管理。** 在每次想要冲动发火之前，先深呼吸一次，默数几秒给自己的怒气一个缓冲的时间，过后反思自己的行为是否恰当，如果事情真的发生了，又会给别人造成什么样的后果。平时了解一些情绪失控造成的事故，给自己以警示教育。此外，还可以在手腕上戴一根橡皮筋，每当自己感受到怒火时，用力将橡皮筋拉长再松手，利用疼痛适当缓解自己的怒火。

 想法消极，过度悲观，怎么办

心灵迷思

丽丽是职高二年级女生，总是喜欢从消极方面思考问题。在家中，她总觉得父母更偏爱姐姐，虽然父母对两个孩子是一样喜爱的。和别人聊天时，只要别人回复消息稍稍慢一些，丽丽就会觉得别人是故意不理她。平时丽丽有些想法也很悲观，她觉得太阳不可能永远存在，它会成为黑洞；人要有坚持，但是又觉得坚持没有回报；人要有信仰，但是又觉得信仰没什么用。她时常觉得别人是众星捧月，而自己却只是一颗

小星星，并将自己比作泥土，别人都在践踏自己。丽丽知道家长、同学、老师都不喜欢太悲观的人，也很想改变自己的消极看法，但是面对所有的事情，她总是无法控制自己的消极态度。

心路探究

生活中有一些同学，他们总是从悲观的角度看待问题，这就是我们平时所说的悲观主义者。在这些同学的生活中，处处都是"感时花溅泪，恨别鸟惊心"。并且习惯对所有的事情都抱有消极的预期，觉得自己的前途一片黑暗，进而陷入无尽的悲观情绪之中。本该阳光向上的青少年，为何会过度悲观呢？

对负面信息的注意偏好是导致青少年过度悲观的直接原因。即个体在看待外界客观事物时，总是优先关注到事物中消极的一面，却很难发现客观事物中积极的方面。甚至，有些人即使面对积极、美好的事物，也会迅速从中注意到可能的微小瑕疵，然后再次陷入悲观的泥淖。

长期的消极自我归因也可能会导致青少年过度悲观。自我归因是个体对导致自身行为结果的原因进行认识和推断的过程。心理学家韦纳系统地提出了动机的归因理论，认为归因会导致情绪反应。当个体成功时，如果个体对成功进行积极的归因，如把成功归因于自身的能力、努力等因素，那么个体就会感到满意和自豪。相反，如果个体长期对自己进行消极的归因，那就很有可能会对自身的悲观情绪起到潜移默化的作用。

个人的人格特质类型也是造成青少年过度悲观的一个因素。心理学上将人的气质类型分为四种，分别是多血质、黏液质、胆汁质和抑郁质。研究发现，抑郁质的个体缺乏安全感，挑剔，悲观，情绪化，更容易偏向于看到事物消极的一面。《红楼梦》中的林黛玉就是抑郁质的典型代表，她总是喜欢从消极的方面看待一切事物，花开花落本是自然规律，但是在她的眼中却是自己身世飘零的象征，她葬花哭诵："侬今葬花人笑痴，他年葬侬知是谁？"她的这种过度悲观的心态使她终日以泪洗面，最后香消玉殒。

心海导航

乐观和悲观是个体对待客观事物的两种截然不同的态度。长期持有悲观态度的人会陷入无限的悲观情绪之中，常常因一点点挫折就觉得自己的前途一片黑暗，常常将"不可能"挂在嘴边，面对困难也不敢迎难而上。长此以往，不仅会影响学业和人际交往，而且会增加自身患身心疾病的概率。为此，有以下建议可供参考：

★ 有意控制。当有不良情绪的时候，可以巧用食物来缓解消极情绪，营养学家认为，食品中的糖类物质能帮助人们缓解消极的情绪，增强机体营养，唤起人的愉悦感。当感到无助时，可以闭上眼睛静心思考，客观分析事物，发现生活中的真善美。

⭐ 正确归因。消极归因只会将自己一步一步地带入悲伤的泥淖。矫正消极的归因风格,学会在尊重事实的基础上进行积极归因,能够有效地缓解过度悲观的心态。例如,当取得成功时,应当将其归结为自己有能力和努力等积极原因。

⭐ 积极暗示。学习对自己说一些鼓舞的话,如"我行""比上次情况好多了"等。另外,避免用失败的经历来提醒自己,多用一些积极的暗示,如"这次知道错在哪里,下次再遇到类似问题时就有经验了"等。

7 缺乏自信心,怎么办

心灵迷思

小溪是一位个子不高、头发长长、五官精致、学习成绩一般的女孩。小溪随父母从外地来到丽水,正因如此结交的朋友并不是很多,还是中途插班生,和同学们的关系有些疏远,渐渐地她的性格变得越来越内向。小溪唱歌非常好听,也很喜欢跳舞,但是不够自信,不敢展现自己。小溪自己也感到困扰,一方面来自家庭,父母的期望值太高,觉得女儿没有考上普高有些失望,对女儿一味地责骂,缺少关爱;另一方面,小溪总觉得自己不如别人,认为只有成绩好才有未来,感觉自己低人一等,害怕失败,从而慢慢失去信心。

心路探究

这是一个关于中职学生自信心不足的典型案例,中职学生在初中阶段普遍成绩一般,受到老师和家长的表扬相对较少,对学习更是缺乏兴趣和动力。中职学生又正处于青春叛逆期,在学习和生活中遇到困难和矛盾更多地会将其归咎于他人或客观环境,对于一些外界评论又过于敏感,人际关系紧张。中职学生缺乏自信心的主要原因可以从以下几个方面解释:

社会影响。社会上普遍存在"好学生考大学,差学生读职校"的观念,这是对中职学生的偏见。用人单位也更倾向于高文凭、高学历的大学生,忽视专业技能熟练但文凭、学历低的中职学生,这就导致中职学生感觉就业无望,缺乏学习动力。久而久之,丧失了继续好好学习的自信心。

家庭影响。中职学生大部分都来自农村,留守孩子居多,父母只顾忙于自己的工作,对孩子关心不够,觉得孩子上了职业高中,就对孩子没什么要求,只希望孩子不要出事,顺顺利利毕业,毕业后有个工作就行。这样的消极心态,严重影响孩子自信心的建立。

学生的自我定位。进入职业学校的学生大多都经受了中考的挫败，或者初中生涯是在浑浑噩噩中度过的，成绩不理想，目标不清楚，从而选择了职业高中，所选的专业也不是很喜欢。各种压力之下，心理上无法摆脱自卑的阴影，难以树立自信心。

心海导航

莎士比亚说过："自信是走向成功的第一步。"缺乏自信心是失败的重要原因，有了自信心才能充满信心地努力实现自己的目标。面对学生缺乏自信心的状态，有以下几点建议：

⭐ 树立正确认识。重视职业教育发展，帮助职业学校培养出更多合格的、企业需要的技术型人才，已经提升为国家战略。当代社会，真正需要和看重的是素质，无论是从社会这个大环境，还是家庭这个小环境，都要传递"正能量"，我们理应不断进步，树立信心。技术人才是经济发展、社会进步的重要保障。

⭐ 善于认识自我。应正视自己的优点，善于发现自己的闪光点，重拾信心，不轻易拿自己的短板和别人的长处做比较，促进自我快乐、健康、自信的成长。平时注意多看自己拥有的，少看自己没有的。

⭐ 培养兴趣爱好。经常参加学校丰富多彩的活动，发展个人的爱好和特长，在特长的领域里找回自信，重新燃起对未来的希望。

⭐ 改变自我。可以先从外形上改变自己，一定要挺直背，适当地改变发型，女生可以扎个马尾，使整个人散发出青春向上的气息，嘴角上扬，与人交往和气大方。培养自理自立能力，学会劳动，热爱劳动，锻炼自己的生活能力，让自己变得更加强大。

 过分关注自我，内心敏感，怎么办

###

李楠看上去是个活泼且有些淘气的男生，平时古灵精怪，爱玩爱闹，与同学相处也挺融洽。经过两三个月的校园生活后，李楠身上的一些问题也逐渐暴露出来。在课余时间，班级里的男生、女生会一起追逐打闹，有时候玩得兴奋了，一些同学在语言或动作力度上会重一些，好几次李楠在玩的过程中会突然不高兴，然后就会回到座位上不理人。李楠害怕与别人发生矛盾，别人的一个眼神、一句话，他都会揣摩半天。总怀疑自己做错了什么引起别人的不愉快。过分关注自我，内心这么敏感，怎么办？

心路探究

美国著名心理学家伊莱恩·阿伦是研究高度敏感的先驱人物。她认为高度敏感人群从出生时就拥有一种特殊的神经系统，可以更深入地感知、处理内部与外部的信息。简单来说，高度敏感让我们对外界信息的阈值降低了，可能仅仅是很轻微的刺激就会让我们的大脑变得活跃起来。因此，我们有着更强大的洞察力与觉察能力，但这也很耗费自身能量，会带来负面影响。高度敏感的人大概占总人口的15%～20%。内心敏感是一种天赋，并不是软弱，让我们拥有温柔的力量。

像李楠这一类性格的学生在课堂中或在班级同学面前总是表现出一些看似"无趣"的行为，但其目的是想被周围的人关注，其原因可能是家庭关爱的不足，这从李楠的家庭状况便可见一斑。他的父母事业心比较强，由于工作性质的原因出差较多且事务繁忙。李楠通常每隔一周的周末就会选择住在学校不回家，班主任觉得有些好奇，明明他家住市区，父母也在本地工作，为什么经常周末不回家。一开始以为是他想避开父母的约束管理，周末留宿学校可以更加自由。后来李楠自己说道，父母工作很忙，即使周末也经常不在家，还有一个姐姐在外地工作，也就偶尔联系，因此他觉得还不如留在学校，如果觉得无聊了，还可以约关系好的同学出去吃饭。长期以来，父母对他的关爱和教育比较缺乏，他感觉自己不被关注。很多父母觉得自己只需要努力工作挣钱，不断地改善孩子的物质条件就足够了，往往忽略了孩子心理和精神上的需要，但其实精神上的富足才更能带给孩子幸福感。这个年龄的学生，其实内心很有主见，我们的想法甚至比一些做父母的还要丰富、深刻，而父母和孩子之间缺乏一座沟通的桥梁，这座桥梁就是彼此能够在生活中安排出合理的时间，相互分享各自的状态，让孩子感到父母虽然和自己的相处时间短，但其实是非常在意自己的。所以，李楠有这样的行为就不足为奇了，他在平时表现出的敏感，既有年龄阶段的因素，又有成长环境的原因。

心海导航

处于这个阶段的学生，我们应该塑造更好的性格、培养更健全的人格。针对以上出现的问题，提出以下建议：

⭐ **正确认识自我。** 我们要经常进行阶段性的自我分析，剖析自我的优势与不足，弥补自身的短板。尤其在一些原则问题上，强化认知，意识到问题的严重性以及做出不当行为后所需承担的后果。只有思想认知明确，行为上才不至于出现较大偏差。绝对不要因为敏感而否定自己、不爱自己。

⭐ **关注身心成长，发掘自我价值。** 内心敏感的人，需要被关注，我们可以多与同学交往，让周围的人看到自己的闪光点。平时更多地参与班级活动，提高组织能力，发掘自我价值，不断实现对自身的认可。被更多身边的同学和老师认可接纳，会更加自信，逐渐消除内心的敏感与脆弱。敏感是一种特殊的天赋，拥有最温柔的力量，可以与人建立深层交往的关系，可以规避风险，可以使工作更有创意，可以看到更广阔的世界。

★ 学习成长，明辨是非。作为学生，我们要保持一颗爱学习的心，学习成长是一辈子的功课，通过学习，努力提升积极的心理品质，增强内心的安全感，对自己的行为更加自律，懂得什么事可以做、什么事不可以做。

❾ 情绪失控，反应过激，怎么办

小江是一名刚刚入学3个月的高一新生。他比其他学生较晚入学，因为他是中途转学来的，因此有点不适应学校的规章制度。他曾因头发过长和上课玩手机被学校处罚，心里有些郁闷，他比其他同学更难适应学校的学习和生活。某天，小江自修课迟到，班主任批评了他，又说起他头发有点长的问题，他便突然情绪激动，大声吼叫，声称自己的头发没有过长。他突然的情绪失控，让班主任感觉到他的异常。

高一新生在刚进入高中时，会因为自身和外界的种种原因，导致学生或多或少地有一些不适应。当这种不适应加剧后，就容易导致学生情绪失控，反应过激。小江情绪过激的主要原因可以从以下几个方面解释：

首先，刚入学时需要适应新的环境、新的老师和同学，适应本身就需要一个过程。然而，小江在进入新学校后所发生的事情，加长了他的适应时间，更加剧了他心理的不适应感，这种没有办法改变的情况让他的心理开始失去平衡。令他更难以接受的是，在刚转校的那天，他被任课老师发现在课上玩手机，其手机被班主任没收保管一个月。这个事情更加剧了他心理的不适应程度。此外，他那有些长的头发也与学生的得体形象背道而驰。因此，他第一次被指出头发过长时，就表现得十分不情愿。后来，在班主任的耐心劝导下，终于肯去把头发剪短一点。可过了几周，他还是被学生会扣分了，原因还是头发过长。这种种情况的发生，让他在适应新学校的学习和生活上比其他同学都要困难许多。

其次，进入高中后学生的成人感和独立意识会增强，情绪体验较初中阶段更强烈，情绪内容广泛。他们憧憬未来，常对活动充满热情，易振奋、易波动，也会感情用事，有时会出现盲目的狂热和急躁，以致不计后果的冲动，遇到挫折也容易产生消极情绪。小江的家长反映小江在初中时的脾气就不是很好，他在家里也会顶撞父母。进入新学校后，自尊心强，容易暴躁，却又敏感脆弱的小江又遇到了这一系列的"烦心事"，但他的烦恼却无处倾诉，压力也无法得到及时排解。因此，当老师再次提出他头发过长的时候，他的情绪再也控制不住地爆发了。

正是因为青春期学生心理活动状态的不稳定性、认知结构的简单性、生理成熟与心理成熟的不同步性等，使学生比成年人有更多的焦虑，遭遇挫折时，也更容易产生心理健康问题。暂时性的心理健康问题若得不到及时排除，便会由消极情绪发展到消极思维，甚至有可能会向心理障碍发展，从而影响心理健康。

心海导航

我们刚刚进入一个新的人生阶段和新的学习环境，就意味着要适应新的人际关系和校纪校规。针对部分高一学生难以适应新学校的学习和生活，从而导致的情绪过激问题，有以下建议：

⭐ 积极调整心态。懂得情绪反应过激是因为我们的信念在作怪，我们常会被"不应该""糟透了"等非理性信念所支配，进而情绪失控。所以，我们有情绪时，先觉察一下自己的感受和信念，及时调整心态，管理好情绪。

⭐ 主动道歉。当我们情绪过激而伤害到他人时，事后要主动道歉，争取获得他人的原谅，把不良影响降到最低，并吸取经验教训，让自己变得更好。

⭐ 遵守校规校纪。我们要熟读、熟记校规校纪，树立遵守校规校纪的观念。理解老师对我们的要求是纪律的要求，不是故意针对自己，而且每个同学都一样。这样一想，情绪就容易平静下来。

 因身材肥胖而内心自卑，怎么办

心灵迷思

小西是班里比较"特殊"的一个女孩子，在人群中往往可以被人一眼认出，因为她的体重几乎接近普通女孩子的两倍。随着体重的增加，小西开始非常在乎别人对她的评价，走在路上，总感觉身后的同学都在议论她；校服要拿男生的最大尺码，穿上男生校服她就如坐针毡……小西从乐观开朗变得待人处事战战兢兢，她觉得自己似乎做什么都不顺利，什么事情都做不好。由于担心自己能力不足，她辞去了班干部的工作，甚至选择不参与任何班级活动。小西不敢与女同学交往，她觉得自己就是班级女生中那只唯一的"丑小鸭"，她也十分排斥与异性相处。没有朋友，事事都做不好，

这让小西每天都被孤独和对自己的失望所包围，一想起自己的体重，就禁不住泪如雨下。

心路探究

这是一个关于中职学生自卑的典型案例。自卑是一种消极的自我意识，通常表现为对自身能力的自我评价过低，并伴随着抑郁、孤独、内疚等情绪。中职学生自卑的主要原因可以从以下几个方面解释：

中职学生正处于自我意识发展的关键期，出现了显著的自我分化。主观我和客观我的出现，使得中职学生开始主动关注自己的内心世界，从而对自己产生新的认识和体验。与此同时，理想我和现实我也开始萌芽，理想我能在一定程度上激励自己不断进步，但如果对自我认识不清晰、片面化，自知力不强，就会导致理想我和现实我的差距过大，从而产生消极情绪。如果对消极情绪不及时加以疏导，就会出现绝对化要求、过分概括化、糟糕至极等不合理信念，从而加重自负、自卑等不良情绪。

此外，中职学生往往在初中期间经历过同学的负面评价，在自我认同感以及自身优越感方面存在一定的不足，较为容易产生自卑感，因此中职学生的自我认识和自我评价容易偏低。学校环境是影响学生自我意识发展的重要因素，青少年会根据同伴群体的看法或反应来反思自己、评价自己。特别是对于自己的身材会比较关注，如果自己不满意，那就会更在意别人对自己的否定看法。

中职学生缺乏体重管理的方法，造成肥胖的原因，如心情不好，吃多了，变胖了，不交往，不运动，更胖了，更自卑，吃得更多，进入恶性循环。

中职学生正处于从青春期向成年期过渡的重要时期，强烈渴望他人的尊重，追求成功、不甘于落后他人。但与此同时，中职学生的自我认知往往不够成熟，对自身的评价和定位不够准确，不能正确认识自己的优缺点。中职学生在经历失败时往往比较情绪化，思考问题的方式也比较偏激，容易因为一次小小的失败而怀疑自己的能力，从而开始自我否定、自我怀疑，陷入强烈的自卑感之中。

心海导航

作为中职学生的我们，正处于自我以及人格发展趋于完善的关键期，如何正确引导自身形成积极的自我意识和健全成熟的人格，促进我们心理和生理的健康发展是至关重要的。针对自卑情绪，我们可以采取以下方法：

★ **改变信念。** 采用合理情绪疗法，与各种不合理信念做斗争，降低消极情绪体验。我们在面对挫折时，对问题的归因往往存在绝对化、以偏概全、极端化等不合理信念。面对问题时应当自问，自己真的这么差劲吗？身材不好就真的什么都不好了吗？进行积极的自我暗示，增强自信心。

⭐ 全面看待自己。我们每个人都有自己的优势与不足，我们要同时看到自己的优点和缺点。自己虽然比较胖，但其他优点也不少呀！写下自己的优点，从多方面了解自己，悦纳自己。

⭐ 合理归因，积极健身。既然胖，我们就要积极锻炼，身体过胖不仅影响外貌，而且影响健康，要发挥意志力，积极健身，多运动，多锻炼。在归因上，用"我的身材与我的锻炼是分不开的"这样的内在可控性归因，代替"我的身材不好是因为我的遗传不好"这些外在不可控归因。

11 社交焦虑，对学校感到恐惧，怎么办

小丽习惯了在家上网课，感觉这样的生活自由自在，舒服又惬意。临近开学，小丽有些紧张，她怕在学校睡不习惯，怕早上起不来，尤其对晨跑感到恐惧。此外，她还担心考试考不好，成绩不理想。有一些作业没有及时做，又来不及补，非常担心被老师责罚。最让她担心的是各种复杂的同学关系，反复回忆起以前一些不愉快的交往经历，以至于一想到要回学校，她就心慌，心跳加快，甚至会忍不住流眼泪。面对这种入学前的恐惧，该怎么办呢？

恐惧感有生理性恐惧、人际关系恐惧、对不确定性的恐惧，生活中还有一类特定的情境会让人感到焦虑和恐惧，那就是暧昧不清的状态。比如很多人在等待成绩出来的时候特别煎熬和恐惧，因为他们不仅恐惧考砸，也恐惧等待结果时的不确定状态，所以甚至有些人宁愿得到考砸的结果，也要祈祷这种苦苦等待的状态早早结束。这些人对不确定性的容忍度较低，每当类似的情境出现时就感到恐慌和恐惧，他们会尽可能避免这样的情况，或是做出某些思维和行为的调整，让自己重新回到确定的状态。

许多研究者试图发现，是不是焦虑恐惧者的中枢神经系统，特别是某些神经递质，是引发焦虑症的罪魁祸首。很多研究集中在两个神经递质上：去甲肾上腺素和血清素。很多研究发现当一个人处于焦虑状态时，大脑内的去甲肾上腺素和血清素的水平发生急剧变化，但是未确定这些变化是焦虑症状的原因还是结果。另外，认知过程，或者是思维，在

焦虑症状的形成中也起着极其重要的作用。研究发现，抑郁症病人比一般人更倾向于把模棱两可的甚至是良性的事件解释成危机的先兆，倾向于认为坏事情会落到他们头上，也倾向于认为失败在等待着他们，还倾向于低估自己对消极事件的控制能力。

恐惧个体是在面临环境变化时出现的正常情绪，大家都会有恐惧情绪。恐惧情绪是有意义的，它可以提醒我们，对于未知的环境，我们需要做好充分的准备，带着恐惧前行。勇敢的人不是不会恐惧，而是能在恐惧的情绪下完成工作，从而战胜恐惧。面对恐惧，我们也不需要压抑，压抑只会加重恐惧情绪。我们要透过恐惧看到恐惧背后我们内在真正的需求，为适应新的环境做好充分准备。

心海导航

面临开学，我们如果有恐惧情绪，可以这么做：

★ 建立并巩固支持系统。每一个要到新环境学习和生活的人都会有恐惧，为了减少恐惧，我们可以多做调查，多做准备，先熟悉环境，联系相关的人。例如，我们可以先联系一些学校的老师与同学，表达自己的感受，了解同学们的感受。如果有一个好的支持系统，我们就可以更勇敢地面对新的环境，提升自己的抗挫折能力。回到学校，心里会更安定。

★ 用意象对话化解情绪。用深呼吸放松自己，看到自己的恐惧情绪，把自己的恐惧写出来、画出来、说出来，恐惧情绪就会慢慢消失。情绪被看见，需要流动，一旦流动起来，情绪就会自己流走。

★ 还要学会接受失败。对于过去的已经过去了，该接受的惩罚，我们要有勇气去接受。如果考试考不好，我们也要有勇气接受这个结果，可以下一次再努力一点。现在不需要过度恐惧，我们可以把恐惧变为努力学习的动力。

★ 活在当下是克服恐惧最好的方法，不念过去，不思未来。动用自己的感觉器官，感受周围的环境，看周围物体的颜色与形状，听身边的各种声音，摸身边的物体，闻周围的味道，关注自己的身体部位，关注自己的呼吸。

 走不出过往创伤的阴影，怎么办

心灵迷思

小李是职高一年级的女生。在初中时，小李曾经被其他同学扇过耳光。事后初中老师虽妥善处理了这件事情，并安抚了小李，但是此事却在小李的脑海中反复出现。

当来到职业高中学习后，小李竭尽全力地去讨好周围的同学，其他同学对小李也十分友好。但是小李一直处于担心、害怕的状态中，平时和同学相处的过程中也不能真心以待，总是害怕类似的事件会再次发生。现在小李每天处于恐惧状态下，无心学习，有时晚上还会出现失眠的现象。

心路探究

高中时期我们的生理和心理都还处在快速发展时期，心理承受能力往往还不够，受到重大创伤后容易产生创伤后应激障碍（PTSD）。创伤后应激障碍是指个体经历、目睹或遭遇到一个或多个涉及自身或他人的实际死亡，或受到死亡的威胁，或严重的受伤，或躯体完整性受到威胁后，所导致的个体延迟出现和持续存在的精神障碍。一般来说，女性比男性更易发展为创伤后应激障碍。创伤后应激障碍的症状主要有三种：一是创伤性再体验症状，主要表现为患者的思维、记忆或梦中反复、不自主地涌现与创伤有关的情境或内容，也可能出现严重的触景生情反应，甚至感觉创伤性事件好像要再次发生。二是回避和麻木类症状，主要表现为患者长期或持续性地极力回避与创伤经历有关的事件或情境，拒绝参加有关的活动，回避创伤的地点或与创伤有关的人或事，有些患者甚至会出现选择性遗忘，不能回忆起与创伤有关的事件细节。三是警觉性增高症状，主要表现为过度警觉、惊跳反应增强，可伴有注意力不集中及焦虑情绪。关于创伤后应激障碍的成因，我们将从以下几个方面进行解释：

经历创伤事件后，没及时得到心理排解。创伤事件会给我们的心理造成很大的影响，会使我们产生恐惧、无助等消极心理，形成创伤后应激障碍。如果这些消极心理没有及时得到排解，我们就会一直活在创伤事件的阴影下，过着担惊受怕的生活，无法安然入睡，这也会进一步加重创伤后应激障碍，使我们出现适应困难、无法走出心理阴影等情况。

沉浸在创伤记忆里，不断回想。学习理论认为创伤后应激障碍的产生是害怕的一种条件反射，个体通过不断回避与创伤记忆有关的线索，来降低恐惧和焦虑，于是逃避行为得到强化。恐惧的图式被激活就会产生恐惧的反应、回避的图式被激活就会产生回避的反应。小李一边通过讨好身边的同学来回避再次发生类似的创伤事件，一边又不断回忆创伤事件无法忘怀，使得心理阴影挥之不去。

心海导航

创伤事件给我们留下的心理阴影会对我们的日常生活及身心健康造成很大的影响，我们可以尝试以下途径来帮助自己：

★ 寻求家庭支持。当这种情况发生在自己身上时，一定要告诉家长，不要自己一个人扛着。和家长一起去找专业医生诊断治疗，家长知情后也会更加关注我们，家是我们温暖的港湾。

★ 寻求心理治疗。当出现较严重的创伤后应激障碍时，我们需要药物和心理咨询同步跟进，要找心理老师做专业咨询，采取一定的方法和技术，进行心理危机干预。可采用系统脱敏治疗，它的原理是交互抑制，分为三个部分进行，首先学习放松技巧，接着构建均匀的焦虑等级，最后逐步脱敏，直至患者以放松的心态来面对当初让我们焦虑或者痛苦的事情。也可以用延长暴露和视觉暴露的治疗方法，来摆脱心理创伤，走出创伤事件的阴影。

★ 建立安全岛。安全岛可以是心里想象的，也可以是家里或寝室里的某一块区域，在这里，自己是安全的、被保护的。构建心理安全岛，当创伤画面出现时，马上在想象中让自己进入安全岛，放松自己。

13 不适应住校生活，怎么办

心灵迷思

小赖同学是一名高一学生，学习成绩中等，斯文安静。开学第一周，小赖以睡不着觉为理由跟班主任提出通校请求。班主任以学校规定无特殊情况必须住校的原则回绝。学期中，小赖的外婆住院需要人照顾，母亲因为工作原因无法每日陪伴，小赖主动请缨通过请假来承担起夜里陪伴外婆的重任，一周后，还是不肯回校住校。回校上课后，小赖还一直找班主任请假要求回家住，班主任与其母亲沟通后，其母亲态度强硬要求儿子必须住校，甚至不接儿子电话。高一下学期开学，小赖以在学校吃不下、睡不着、体质差，在家能吃好、睡好为理由拒绝住校，如果必须住校的话只能退学了。

心路探究

适应不良主要是指个体不能根据环境的要求而改变自己，或者不能积极作用于环境并改变环境，由此产生各种情绪上的干扰，妨碍个体从事有效的学习和积极的探索。适应不良有可能导致个体的心理、行为特征无法适应环境，出现异常状况，轻者造成烦躁、失眠、情绪不稳定等问题，重者可能会导致心理疾病。因此，当学生出现适应不良的情况，必须加以重视。

学生适应不良问题的产生与本人、家庭和学校密切相关，我们可以从以下几个方面来分析原因：

首先，从学生的特点来分析，中职学生一般处于从儿童期到成年期的过渡时期，即青春期。这一时期是一个半幼稚、半成熟的时期，是个体渴望独立的想法与无法独立生活的现实形成矛盾的时期。这一时期的中职学生通常会表现出强烈的独立意向，心理学家霍尔称青春期为"疾风骤雨"时期，身体蕴藏极大的能量、情绪不稳定、易激动、烦躁不安，对外界及自身易产生怀疑、不信任感。中职学生的这种特点导致其对环境非常敏感，且不愿意轻易改变自己所处的环境，因而不愿住校。另外，高中阶段的学生要面对父母、老师和环境所提出的更高要求，要自觉地去学习，学会独立地处理自己的生活问题以及人际关系。从一种依靠别人照顾的生活转化为需要亲力亲为地去解决问题的生活，在这一过程中，学生深切地体验着各种巨大的变化，也就很容易出现适应不良的问题。

其次，不和谐的家庭关系也会导致学生适应不良。例如，父母的教养方式为溺爱型，父母对孩子充满了爱和期待，但很少对孩子提出什么要求或施加什么压力，常常孩子想要什么，家长就无条件地去满足孩子的要求。在这种环境下成长的孩子，大多表现得很不成熟，以自我为中心，而且自我控制能力差，缺乏责任感。因此，当孩子在学习上遇到困难时，往往会采取逃避的方式；在生活上遇到挫折的时候，往往会不知所措。像小赖同学，升到高一后开始住校，缺少了家人的照顾，自己又无法解决生活中遇到的种种问题，于是便产生适应不良的问题，继而不愿住校。

最后，学校也应对学生的适应不良负一定的责任。例如，老师缺乏相关的教育心理学知识，忽视学生的个体差异；老师没有去了解学生适应不良的原因等。以上的种种因素都对学生适应学校环境形成障碍，导致其适应不良。

心海导航

作为学生的我们，当出现适应不良问题时，我们应该怎么办呢？

⭐ **主动适应环境。** 要知道，有时候外在环境并不是我们自己能决定的。因此，我们要主动融入环境。像小赖同学，平时斯文安静，显得十分内向，那么就容易形成不良的同伴关系，进而产生适应不良问题。假如我们能主动去结交朋友，有朋友分享快乐、分担忧虑，在很大程度上可以减轻适应不良问题。健康的身体也是适应环境的重要基础，因此我们也要积极锻炼身体，均衡饮食。

⭐ **发扬艰苦朴素的作风。** 适应不良，很大程度上是我们被娇生惯养而导致的。我们很多人吃不了苦，受不了约束，习惯自由散漫的生活方式。所以，是时候发扬艰苦朴素的精神了，我们要为自己的安逸生活敲敲警钟。

⭐ **努力发现新环境的美。** 住在学校，和同学一起生活、学习，是件很好的事情，以后回想起来，会成为学生时代的美好回忆。我们努力去适应新环境，去发现美，去感受同学的性格、脾气，去倾听同龄人的青春宣言，这何尝不是一番别致的风景呢？

14 感到抑郁，怎么办

心灵迷思

小李是一名高二女生，最近她不明原因地心情低落，对什么都提不起兴趣。已经很久没有感到过开心了。学习、朋友，哪怕是玩乐都变得很无趣。她有时候觉得人生就是一场梦，早晚要结束，那么现在结束又有什么关系呢？小李说，她不止一次想到自杀，但是终究因为害怕而放弃。她不想再这样下去了，十分希望重新感受到快乐。

心路探究

中职学生的抑郁检出率较高，往往会存在不同程度的抑郁情绪，其中以轻度抑郁为主。影响学生抑郁倾向的因素是多方面、综合性的。大量研究表明，学习压力大、学习平均成绩差、对学习感到枯燥乏味、同学关系相处较差和经常失眠是学生容易出现抑郁情绪的主要原因。抑郁情况不仅受到客观条件的影响，还受到学习压力、生活感受等主观条件的影响。产生抑郁情绪的常见原因如下：

1. 家庭因素

家庭环境直接影响我们的性格，父母的关系也会对我们造成直接的心理影响。现阶段，有一部分同学生活在单亲家庭之中，无法得到健全的家庭关爱。父母的感情不融洽、长期的争吵都会让我们深受影响，逐渐在这种不和睦的家庭环境中丧失生活的兴趣，不愿意与父母、朋友等沟通，从而产生抑郁的情绪。

2. 生理因素

我们正处于青春期，属于生理变化最大的人生阶段，无论是样貌、身材，还是嗓音等，较之以往都有很大的变化。这种变化不一定都是令人满意的，我们很多人对于这种变化十分懊恼，觉得自己的外表没有达到理想的程度。加之青春萌动，我们常常羞于在有好感的人面前展现自我，怕自身生理的变化影响他人对自己的印象与看法，开始闷闷不乐、自卑，逐渐失去自信心与青春的活力，开始抑郁。

3. 人际关系因素

我们的高中生活是以初中生活的结束为开端的，离开了熟悉的朋友，我们需要重新建立人际关系，但是在短时间内又无法建立深厚的友谊。这就导致我们的内心找不到归属感，怀疑自己的性格是不是与周围人格格不入，逐渐产生抑郁的情绪。交际同样还包含另一种情况，就是与异性的情感交际，我们渴望与异性的交际，但心智尚未成熟的我们并没有正确的方式与方法，加之情感的表达得不到我们所期待的回应，便逐渐开始沮丧，走向抑郁。

心海导航

经常情绪低落，做事无兴致，不管是抑郁倾向，还是抑郁症，我们都要引起重视并积极改善。

★ 寻求重要他人的支持。我们的父母、老师、同学都可以是我们的重要他人，是我们求助的对象。当出现抑郁状况时，我们要主动寻求他们的陪伴与支持，多和他们交流沟通，减轻压力感。

★ 反思自己的思维模式。反思我们有没有经常出现消极负面的想法，尝试用另一种角度去看待同一件事情。看法改变，情绪行为就会相应改变。我们要努力改变单一的或极端的看法和判断，尽量用积极乐观的心态去看待周边的人和事。

★ 学习一些情绪调节的方法。深呼吸放松、正念生活训练、冥想等都是情绪调节的好方法，我们要多学习，多运用。

★ 如有必要，及时就医。抑郁状态持续时间达到 2 周就可能符合抑郁诊断标准，需要及时就医，采取必要的医学措施。

 面对疫情焦虑不安，怎么办

心灵迷思

小勇是一名职高三年级的男生，按照原定的安排，他将于 2020 年 4 月参加专业课高考，6 月参加文化课高考。小勇原本打算在最后一个学期努力学习，奋发向上，争取考上理想的大学。但是突如其来的疫情打乱了这一切，小勇始终无法回校上课。他想考上好的大学，却对自己的成绩没有信心；想努力学习，可是网络学习的效果与课堂学习相差甚远。小勇觉得和理想渐行渐远，感觉不到一点儿希望。他总是在想高考失利会是怎样一个可怕的情况，而且越想越害怕，害怕自己的人生没有前途，害怕父母失望的眼光，害怕其他人的嘲讽。渐渐地，小勇开始失眠，经常夜里久久无法入睡。有很多次他虽然在极度疲惫中睡着了，但突然会全身抽搐，惊坐而起，大汗淋漓，心跳也很快。他的自我怀疑更严重了，注意力完全不集中，时而颓废不振，时而惊慌失措。

心路探究

伊扎德用因素分析法提出人类的情绪可分成11种，它们分别是兴趣、惊奇、痛苦、厌恶、愉快、愤怒、恐惧、悲伤、害羞、轻蔑、内疚，以上11种基本情绪相互组合产生复合情绪。其中，由"恐惧""内疚""痛苦""愤怒"组成的复合情绪，被称为"焦虑"。

弗洛伊德把焦虑分为两种，一种为"真实的焦虑"，另一种为"神经病的焦虑"。"真实的焦虑"是个体对于外界危险的直觉反应，是个体自我保护的本能表现。"神经病的焦虑"又可分为三类，第一类是"期待的焦虑"或称为"焦虑性期望"，第二类是"附着于某种事物的焦虑"，第三类是"莫名其妙的焦虑"。

高三学生本身学业压力就很大，长期处于心理能量层面的疲惫状态。面对突然发生的疫情，疲惫的心理很容易受到冲击。最先出现的是恐惧情绪，一是对疫情本身的恐惧，担心自己和家人的安全；二是对高考的恐惧。这属于弗洛伊德理论中的"焦虑性期望"，表面原因是对能否有效进行高考复习、能否有效提升分数的不确定，根源是惧怕高考的失败。在恐惧的基础上，还可能有内疚的情绪，尤其是之前不够努力，期望在总复习期间实现"弯道超车"的学生，内疚情绪更会频繁出现。

恐惧、内疚加上这二者形成的痛苦，以及无法改变现状所形成的愤怒，最后造成了焦虑的情绪，从而出现了一系列的生理、心理反应。比如敏感、易激动、失眠、丧失活力等，学生开始无法专心学习，逐渐丧失对学习的热情。

心海导航

焦虑并不是不能缓解和消除的。通过自我调节，我们不但可以缓解焦虑的不良影响，还能让自己变得更加坚强。

⭐ 深呼吸。当我们处于焦虑状态的时候，可以尝试用深呼吸来缓解焦虑情绪。这里推荐一个简单实用的深呼吸法——腹式呼吸法。这个方法能够有效缓解焦虑，因为它能激活身体的放松反应，并能帮助身体远离交感神经系统"战或逃"的反应，激活副交感神经系统的放松反应。

⭐ 接受焦虑状态的存在。焦虑只是一种情绪，情绪本身没有好坏，对抗焦虑感只会使自己的状态变得更糟，只会延续"焦虑是无法容忍的"的想法。接纳焦虑并不意味着我们喜欢焦虑或者把自己陷入痛苦中。这只是说明当我们接纳了事实，便会从中获益。即使焦虑的感觉依旧存在，它也不再让人无法容忍了。

⭐ 专注当下。感到焦虑时，通常对未来可能发生的小概率事件忧虑不断。所以，先对自己说"暂停"，然后深呼吸，把所有的注意力转移到当前的学习中来，将有助于缓解焦虑。

★ 反思自己的想法。处于焦虑的时候，大脑就会迸发出很多想法，有些是不切实际的想法，而这些想法会强调或者加深已有的焦虑状态。高考即使失利，也不意味着人生失利。何况距离高考还有些时间，还有机会。不要因为总去想"高考失败会怎样"而耽误了当下的学习。

1. 金钱至上，价值偏差，怎么办

心灵迷思

乐乐是一名高三女生，从升入高三起，乐乐的班主任就发现她对学习不像以前那么上心了，班级活动也不再积极参加。经过与乐乐沟通后老师了解到，乐乐认为学习和成绩不是那么重要，因为她觉得钱能摆平一切，不需要上大学了。乐乐的家庭还算富裕，家人给的生活费也不少，自从上了职业高中以后，周围的同学经常会向她灌输这样一种思想：钱能买到一切。所以渐渐地乐乐也产生了这种想法，认为上学没什么用了。因为父亲是做生意的，在周末乐乐会跟父亲出席一些生意场上的饭局，在饭局中大人们谈论的关于金钱至上的现实，更加让乐乐坚定了这种错误的观念。最近乐乐不但开始不学习，还准备做微商尽早赚钱。

心路探究

案例中的乐乐呈现出一种拜金主义的状态，认为金钱是万能的，是衡量一切的标准。表面上看是对金钱的崇拜，但实际上这种崇拜背后是享乐主义、极端的个人主义在作祟。这种观念很大程度上是不良环境的影响所造成的。

按照社会学习理论的观点，一切品德行为无论好坏，都是受外界强化的结果，都是个人习得的。个体偶尔产生的过错行为如果受到强化，就会形成不良的行为习惯，固化为其品德的一部分。品德不良多发生在青少年时期，但并非青少年心理特点本身所造成的。只有当这种特点与失败的教育、恶劣的环境等社会因素交互作用时，才会导致青少年道德观和价值观产生错误。

首先是家庭原因，家长缺乏表率作用，无视或忽视自己的一言一行所产生的不良后果，会使孩子在不知不觉中受到不良影响。对于乐乐来说，做生意的父亲总是带乐乐去参加生意场上的饭局，孩子必然会在饭桌上受到不良价值观的影响。在个体形成良好的价值观的过程中，这种影响是极其明显的，孩子的价值观特别容易产生问题。尤其在孩子表现出"钱是万能的"这个不正当观念时，家长也没有对其不良价值观的负性影响加以补救，这更会让孩子确信"金钱万能"的观念。

其次是社会原因，如今社会的商业化气息越来越严重，大多数进入社会的人们都在为钱奔波，社会上充斥着"金钱万能""有钱能使鬼推磨"等错误观念。但对于还在上学的学生来说，我们的职责是好好学习，这样的观念会使我们荒废学业，产生"学习无用论"的想法，对将来的发展极为不利。在不断走向开放、多元的现代社会中，青少年成长的外部环境显得更加复杂，处于社会转型期的当代中国更是如此。不良社会风气除了涉及各种不良信息的消极影响外，还包括一些领域的道德失范，诸如诚信缺失、假冒伪劣、坑蒙拐骗等。

心海导航

不良的价值观会使我们过早地荒废学业，这对心理健康成长不利。况且于生活而言，金钱并不是全部。热爱生活，人生才会更加绚烂多彩。那么，如何塑造正确的价值观呢？我们可以采取以下措施：

⭐ 首先，对金钱，要取之有道，用正当的手段赚钱，靠诚实劳动和合法经营致富是受法律保护的，是光荣的。我们要知道，人活着不仅仅要有钱，还要有很多钱以外的东西。比如知识、美德等。一般人对于只看重金钱的人都会不喜欢，每个年龄阶段都需要做特定的事，错过了会遗憾。

⭐ 其次，对于金钱，要用之有益，用之有度。要把钱用到最需要的地方，用于最有意义的事。花钱要节制，用钱做什么要分轻重缓急，能节省的要节省，少花钱，多办事，办好事，就能让钱发挥出更大的作用。

⭐ 然后，正确的金钱观，能指导我们理性地对待金钱，通过合乎道德与法律的正当途径挣钱，把钱用到利于国家、他人的地方，用到有利于自己发展，有助于实现人生价值的地方。树立正确的金钱观，让我们的灵魂更纯洁，道德更高尚，境界和智慧都能上一个层次。

⭐ 最后，我们在生活中遇到了此类困惑，一定要找心理成熟的成年人寻求帮助。不能停止学习和汲取新知识，须知不管从事什么行业，哪怕是做微商赚钱都有一定的门道。多进行课外阅读，扩充知识面，培养明辨是非的能力，树立正确的价值观与世界观。

一心要嫁富豪，整日梳妆打扮，怎么办

茜茜是一名高三的学生，平时喜欢梳妆打扮，但由于学校查得比较严，她总是私下里偷偷学习化妆。一次心理课上，老师问大家对未来的看法和追求，茜茜是这么回答的："学习是没有用的，只会成为一个书呆子。要想过上好的生活，只有把自己打扮得漂漂亮亮的，才会有人来宠自己。我未来一定要找一个有钱又疼自己的丈夫。"平

日，茜茜也总是和其他女生攀比，在空余时间看一些美妆、时尚方面的视频教程，学习网红的穿着打扮，根本无心学习。虽然茜茜总想着过上安逸、富有的生活，但她从未考虑过自己所拥有的资本是否能够令她过上这种生活。

心路探究

在网络媒体、各路营销号的引导下，有些女生往往会持有一种不正确的价值观。"宁嫁富二代，不找痴心汉"等想法占据了她们的头脑，以为只要嫁给富豪就能获得更多的金钱。对于有些女生这种一心想要嫁给富豪，整日只知梳妆打扮的现象，有如下原因可以解释：

青春期思维的片面性和极端性令学生拥有错误的观念，同时生理和心理的急剧转变，导致学生对自己的外貌尤为在意。青春期学生过于偏激和极端，不能全面且辩证地看待问题与分析问题。在分析解决问题时难以深入问题的本质，对于事物的看法过于表面化。这种不通过自己的努力就想嫁富豪获得更多金钱的想法是片面的，嫁富豪或许是获得金钱的途径之一，但不是只凭整日的梳妆打扮便能实现的。同时这种想法也过于表面化，不通过努力学习与工作，仅凭一张好看的皮囊又怎么可能得到他人的赏识与青睐呢？

网络和社会上不正确价值观的引导，导致学生持有不正确的观念。现在，社会上存在着一种金钱至上的观念，人们脑海中想的全是如何快速挣钱、发家致富。公众号、微博等网络媒体将金钱的作用夸大化，仿佛有了钱便拥有了一切东西，拥有金钱便拥有了无限的权力。前几年在江苏卫视的《非诚勿扰》节目中，一位女嘉宾的说法便是金钱至上的最好体现。这位女嘉宾在得知男嘉宾的收入不高时，说了一句："我宁愿坐在宝马车里哭，也不愿坐在自行车上笑。""拜金女"也成了她的代名词。青春期少女想要不劳而获嫁给富豪的心理也是一种金钱至上的观念。

虽然学校严禁女生化妆，但总有个别例外。看到有的女生画着美美的妆，其他人便会效仿她的行为，不愿被比下去。此外，父母的家庭教养对于学生价值观的形成具有重要影响。若父母在家中总是宣扬金钱至上的观点，那么孩子也会在耳濡目染中习得这一观念，认为自己以后只需嫁个富豪，凡事便不用操心。若父母总是以放纵型的教养方式对待孩子，对孩子过分溺爱，那么孩子多表现出任性、自私、幼稚的状态。

心海导航

爱美之心人皆有之，但终日沉迷于此，只会荒废学业。加上不正确金钱观念的引导，导致有些女生一心只想打扮自己嫁给富豪。针对这一现象有以下几点建议：

★ 一定要注意仪表美。修饰打扮应以清雅素淡、大方自然、洒脱活泼为主，要凸显出青春的朝气和魅力。同时更要适合自己的身份，提倡简朴，注意经济耐用。老舍先生曾说："真正美丽的人是不多施脂粉，不乱穿衣的。"还要结合自身的条件，扬长避短；要整洁宽松，有利于健康；要注意场合，不标新立异。周恩来总理有一幅仪表格言："面必净，发必理，衣必整，纽必扣；头容正，肩容平，胸容宽，背容直；气象：勿傲、勿暴、勿怠，颜色：宜和、宜静、宜庄。"他一生的风度、仪表堪称楷模，为世人所敬仰，值得我们学习。

★ 讲究内在美。正如歌德所说："外貌美只能取悦一时，内心美方能经久不衰。"为此我们应时刻注意自己的内在美，培养自己的内在美。一个人如果光有躯壳的美，而没有灵魂的美，这是假美。那么内在美该如何培养呢？我们应该做到热爱祖国，遵纪守法，追求真理，关心集体，助人为乐，正直诚实，不畏艰难险阻，不图个人私利，勇于献身社会等。所以我们要在社会实践中加强锻炼，吸收新的、美的事物，抵制丑的、恶的事物，不断丰富提高自己的精神境界，加强审美修养，提高审美能力。

★ 我们还可采用自我认识的九宫格方法，正确认识自我。从自身、朋友、老师等多角度了解自己存在的不足，并思考过去、现在和未来的自己是怎样的。想要实现自己期望的目标，是否存在很大的困难，认清自己现有的能力和资源，与嫁给富豪这一目标之间存在的差距。脚踏实地，从当下做起让自己成为一个富有的人。

 过分追求瘦，怎么办

自从进入职业高中学习后，小悦发现班上的女生都特别注重自己的外貌，会自己学着梳妆打扮。而小悦本身是一个体形微胖的女生，于是她开始越来越重视自己的身材。为了穿上漂亮的衣服，小悦开始通过跑步、节食等方式减肥，然而成效却不显著。此后，小悦开始对自己更为严苛，平时只吃一点点饭，晚上甚至什么都不吃。小悦一度产生了"我必须要瘦下去，不然我的人生就没有意义"的极端想法。渐渐地，小悦的脸色也越来越差，就连她自己都分不清自己的体重是否正常了。因为身体素质的下降，小悦在课堂上也总是打瞌睡，甚至记忆力也出现衰退的现象。

爱美之心人皆有之，青春期的少女尤为在意自己的体重和体形，当别人问及自己的体重时会变得异常敏感。为了更好地控制自己的体形，我们往往会采取各式各样的减肥手段。健康的减肥手段不仅能控制体形，而且对身体有利而无害，但是节食等不健康的减肥方法对身体的损害是巨大的。针对学生过分追求瘦而采取不健康的减肥手段的现象，有以

下几点原因可以解释：

希金斯提出的自我不一致理论可以解释这一现象。自我不一致理论中提出三种不同的自我：实际自我、理想自我、应该自我。实际自我即个体现在是什么样的人，理想自我是个体想要成为的人，而应该自我是个体认为自己应该成为的人。当实际自我与理想自我不一致时，我们便会产生失望的心理，例如，当我们发现自己的真实体重和理想体重相距甚远时，便会出现自卑的心理。当实际自我与应该自我不一致时，将会导致紧张、焦虑的情绪，例如，我们认为自己应该减肥不然人生毫无意义，但现实却是相反的，这就导致我们日益痛苦。

现今社会"以瘦为美"的风气导致大家对胖女孩存在刻板印象，一说到胖就会联想到不健康、臃肿等消极印象，而这种刻板印象也就一竿子"打死了"所有的胖女孩。网络宣传的也大多是对胖子的歧视，电视上播放的都是鼓励胖子减肥的节目，那些光鲜亮丽的女明星一个个都有着苗条纤细的身材。身边高高瘦瘦的朋友，也都不满足于现实，表达出对减肥的渴望。这些外在因素的影响导致我们更加追求"以瘦为美"，更倾向于采取各式方法来减肥。

对于减肥所持有的不合理信念是导致这一现象的重要原因。不合理信念是我们心中不现实、不合逻辑且站不住脚的信念。对于减肥的我们来说，总会出现一些极端的想法，诸如"我必须要瘦下去，不然我的人生就没有意义"这种想法即不合理信念中的绝对化要求。绝对化要求具体是指我们以自我的意愿出发，认为某件事情肯定会发生或不会发生的信念。拥有这类想法，我们容易陷入情绪困扰，为不能达到自己的目标而焦虑、烦恼。但是事物的发生、发展总是有它自己的规律，不会因个人想法而转移，因此这种想法只会让我们越来越痛苦。

心海导航

追求苗条的身材是个人的自由，但是凡事都讲求一个"度"。采用健康、合适的减肥方法是有效的，但是采取过量、不健康的减肥方法只会伤害自己的身体。针对学生过分追求瘦而采取不健康的减肥手段的现象，我们有以下几点建议：

⭐ 正确了解标准体重和体形的意义，调整理想自我的标准。我们可以通过心理健康课或网络深入了解标准体形和体重的意义，了解一些因过度减肥而患上神经性厌食症或贪食症的例子，以此警示自己。同时向长辈进行求证，在父母的帮助下调整我们对于理想体重的标准，将体重保持在正常范围内。

⭐ 若我们想要保持苗条的身材，可以采取健康的方式。可以制定自我管理计划，设置一个个可行的小目标，由朋友或父母监督，同时给予自己适当的奖励和惩罚以推动计划的实施。健康的减肥方法应该是安全、有效、适合自己的。例如，注重营养搭配，每餐七分饱，每天运动1小时，上课时坐直身体，收腹挺胸。

⭐ 通过不断地学习，进一步认识到自身存在的积极特质。从自身积极的方面看待自己，胖胖的自己并不是一无是处的。例如，在镜子面前，面对自己写下几个积极特质，如"我的眼睛很漂亮""我的腿很长"等。先接纳自己，在愉悦的心情里逐渐让自己更好，这样做更能使自己充满能量，更容易保持身材。

❹ 对老师存在偏见，怎么办

婷婷是一名成绩中等、长相平平的高二女生，平时在班上总是默默无闻。但其实婷婷心里总是有一个疙瘩，她常常认为自己的班主任老师很偏心，对待学生不公平。对于班级中长得好看、成绩好、主动积极又家境优越的学生，老师总是充满热情，经常把他们叫到办公室谈心。而班主任从不和自己谈心，也从来不会热心肠地关心自己。因此，她时常感到自卑，认为老师不公平、偏心，甚至在路上遇到老师时会带着仇恨的表情看老师。殊不知，正是因为这个原因，老师才会觉得婷婷是个并不可爱，甚至讨厌自己的女生。在平时的学习生活中，老师也就慢慢地不再过多地关注婷婷了。

偏见是指人们以不正确或不充分的信息为根据而形成的、对其他人或群体的、片面甚至错误的看法与影响。个体产生偏见的原因有很多种，针对像婷婷这种对老师的偏见，究其原因，有以下几点：

首先，从中职学生成长、发育阶段的心理来看，学生对于公平是极为敏感的。如果班主任表现出对学生的偏心、偏爱和偏见，在其他学生的眼中都会被敏锐地觉察和放大。这就涉及心理学的一个概念，即公平敏感性。美国心理学家休斯曼针对公平理论中缺乏对个体差异性的考察，指出人们对公平的偏好是稳定且因人而异的，进而提出公平敏感性的概念。休斯曼将公平敏感性定义为"个体对公平的不同偏好"。这种偏好导致个体对公平或不公平的结果有稳定且个性化的反应。后来，美国心理学家施密特将公平敏感性的定义扩充为"个体能够觉察到不公平的难易程度和对所觉知到的不公平做出相应反应的强烈程度"。而对于中职学生这一正处于人生中对公平最为敏感阶段的群体，心理较为不成熟，情绪不稳定。因此，在这种情况下，学生很容易觉察到老师的不公平行为，并因而产生敌对情绪，认为老师偏爱那些成绩优秀的学生而忽视自己，从而对老师产生偏见。

其次，从老师的方面来说，学生对其产生偏见，可能是老师的行为本身存在某些问题。像婷婷的老师，对于班级中长得好看、成绩好、主动积极又家境优越的学生，老师总是充满热心，经常将他们叫到办公室谈心。而对于婷婷，老师却从来不与她谈心或者关心她。这是由于老师有一种先入为主的想法，认为成绩好的学生，什么都好，继而只关心好学生，而忽视其他学生。这样，被忽视的学生就容易对老师产生偏见。从心理学的角度来说，老师这种先入为主的想法是由锚定效应导致的。所谓锚定效应，是指人们在对某人某事做出判断时，易受第一印象或第一信息支配，就像沉入海底的锚一样把人们的思想固定在某处。也就是说，成绩作为一个较易获得的学生评价指标，经常被老师用来判断学生的好坏。这样，老师就会从学生的成绩形成对学生的第一印象，而这种第一印象由于锚定效应，使得老师在做判断时易受其影响，从而产生不公平行为，使学生对其产生偏见。

最后，从学生自身的角度来说，学生运用不合理的归因方式，当学生成绩下滑的时候，有些学生会倾向于把原因归结于老师不关注自己。由于存在自我认知偏差，人们趋向于把别人的成功和自己的失败归因于外部因素，而把别人的失败和自己的成功归因于内部因素。比如，学生喜欢将自己受到的加分奖励归因于自己的努力，而将受到的扣分处理归因于别人对自己的偏见甚至社会的不公平。这种不合理的归因方式使得学生容易对老师产生偏见。另外，学生处于一个以自我为中心的阶段，自尊心较强，喜欢与同学比较，对比老师对谁更好一点，而且无法从老师的角度进行观点采择。也就是说，学生很难站在老师的立场来想问题，这也是导致其对老师产生偏见的原因之一。

心海导航

针对学生对老师存在偏见的这种情况，我们提出以下建议：

⭐ 我们可以尝试主动共情老师，从老师的角度看待这一问题。共情，或称作移情，指的是一种能设身处地体验他人处境，从而达到感受和理解他人情感的能力。如果自己有做得不恰当的地方，可试着改正，并主动和老师进行沟通。尝试学会换位思考，站在老师的角度看问题，思考自身存在的问题。

⭐ 打破锚定效应。锚定效应在绝大多数情况下是潜意识里自然生成的，是人类的一种天性，正是由于这种天性的存在，才导致我们在实际决策过程中容易形成偏差，从而影响最终的结果。想要打破锚定效应并不容易，学会有意识地改变自己对老师的看法，不要仅仅因为一件事情来评价老师。

⭐ 学生对老师存在偏见，最重要的还是要从学生方面来着手解决。我们需认识到合理归因对生活和学习的影响，主动掌握合理归因的方法，才能在以后的学习生活中，更明确自己学习的目标。遇到事情能合理归因，理性面对挫折，做出正确、积极的决定，从而消除偏见。接受现实，老师有偏见是一种正常现象，每个人都会有偏见，公平是相对的。自己怎么做，可以更受老师的关注，可以多去尝试。即使老师不公平，也不能因此影响自己的进步。为了追求公平，可以发愤图强，当自己有权力时，争取做得公平一些。

5 因外貌而自卑，怎么办

心灵迷思

小娇因为脸上有青春痘，总是倍感自卑。加上自己皮肤黑、身材不好等原因，小娇在生活中总是低着头走路，认为自己处处不如别人。虽然在老师和家长眼中，小娇是一个五官十分精致的女生。因为不够自信，小娇在日常生活中不敢与其他同学交往，总是一个人上课、学习、吃饭，因此其他同学也将其当作一个异类，不愿与其交流、相处。小娇很想改变现在这个现状，改变自己现在这种体形和面貌，和同学们好好相处，交几个知心的朋友。但是，她又不知道从何做起，不知如何才能与同学正确沟通，并担心自己的尝试是多余的，怕付出得不到回报。

心路探究

中职学生正处于青春发育期，我们的身高、体重、胸围等形态会发生巨大变化，相互之间难免会比较。因为这种相互的比较，某些学生会因为不如别人而感到自卑。这在青春期是一种十分普遍的现象，针对这一现象产生的原因可以从以下几方面进行解释：

焦点效应导致中职学生的自卑心理。在心理学上，焦点效应是指人们高估周围人对自己外表和行为关注度的一种表现，把自己看作一切的中心，并且高估别人对我们的注意程度。在日常生活中，焦点效应表现为过分关注他人的目光和想法，认为所有人的目光都在自己身上。例如，青春期的少女因为自己的外貌而感到十分自卑，每当上台发言时，就认为所有人都在关注自己，甚至用嘲笑的目光看着自己。走在路上的时候，也认为所有路人都在看自己、嘲笑自己。但其实这只是她们对他人注意程度的高估，这种焦点效应在一定程度上还会影响个人的心理，它有可能带来愤怒、焦虑等各种情绪。

中职学生的负面身体自我也是导致这一现象的重要原因。负面身体自我是指个体对自己身体的消极认知、情感体验和行为调控，也被称为身体意象失调。对于自己的身体持有负面或消极态度的个体，相较于其他人，更容易注意到和体重、身材或者外貌等相关的信息，也更容易触发对自己的消极评价。例如，长青春痘的女生经常会抱怨自己脸上的痘痘，认为自己是丑陋的，会想尽各种方法去消除青春痘。研究表明，负面身体自我会导致个体的低自尊。如果长期对自己的身体有着消极的认知、情感体验和行为调控，会导致我们越来越不自信。

同伴群体拒绝是指个体被大多数同伴所不能接纳，而遭到排斥的现象。造成同伴群体拒绝的原因可以从个体自身和同伴群体两个角度进行分析。首先，从个体角度来说，因为对外貌的不自信而与群体格格不入，认为同伴不会接纳自己。这是受到自卑心理的影响，导致其与同伴群体越来越疏远。其次，从同伴群体角度分析，看到个体这种独来独往的怪异性格便不愿与其交往，这是对于个体形成的肤浅的偏见。因此，造成这种现象是由两方面原因共同导致的，一方面因为自卑不愿付出行动，而另一方面因为别人的偏见不愿与其接触。

心海导航

青春期的少男少女会因为自己的外貌而感到自卑，这本是件非常正常的事情，但若长此以往，将影响正常生活与人际交往，对于学生来说是有害的。对于个体自身来说需要建立自信心，而对于同伴群体则需尝试着接纳这个人。对此，我们提出以下几个建议：

⭐ 设立可完成的目标。制订自我管理计划，通过正确的方法，诸如运动、少食多餐、营养搭配等，改变相貌与身材。设定的目标必须是可实现的，例如，我们想要减肥，这时候就可以制定可行的减肥目标，先在1个月内减掉2.5公斤。我们会在达到目标之后非常有成就感，之后再进一步挑战自己，完成更高的目标。

⭐ 通过积极的行为建立积极的心理。从日常行为上做出改变，积极的行为也能够反向影响积极的心理。每天早晨面对镜子练习微笑，在日常行走中挺直身体、抬头挺胸、不畏畏缩缩。在与人交谈的过程中积极地用眼神与对方交流，如果长时间保持目光交流有些困难，可以尝试将目光放在对方的鼻子或脸颊上。

⭐ 学会用积极、辩证的眼光看待自己的身体。通过自信训练中的模仿练习，学习作为一个自信的人在日常生活中是如何表现的，在面对各种场景时又是如何应对的，来达到克服自身不自信行为的目标。找到自己身体的优点，多看自己好的方面。

 产生错误的道德观念，怎么办

小军长得人高马大，体格健壮，同学们都叫他"扛把子"，意思是他是学校的老大，这都是小军一手"打"出来的。小军的家境很差，父母长期在外打工不在他身边，初中时他开始不好好学习，混社会，在社会上认识了很多"黑道"上的朋友。来到职业高中后小军加入了"学校护校队"，这更"帮助"他在学校用自己的拳头维持

学校的"秩序"。小军自称"地下守护者",同学们谁受了欺负,都会找他,他就会组织自己的"小弟"一起去"教训"那个人。小军经常因为这种事受到处分,但是他一直认为自己的方式是对的,他认为自己是在用正确的方式维持学校的"秩序"。为此老师经常找他谈话,想要帮助他改变这种不正确的观念。但小军依然我行我素,依然用拳头维持他所谓的"秩序"。

心路探究

近期,未成年人犯罪、校园欺凌事件成为热点话题。对其原因大家众说纷纭,有人说是执法力度不够,应加大执法力度,可是这样做真的有效吗?答案是否定的,以暴制暴绝不可取。错误道德观念的产生有以下原因:

处于青春期的学生身心发展呈现出不均衡的特点。心理发展尤其是自制力发展落后于生理发展。随着学生的自主性、独立性和同龄群体意识的不断增强,由各种外部刺激所引起的各种不良的内在反应,诸如好奇心激发不当,由强制、挑衅等引起的逆反或自尊心受到伤害,因期望过高、学业不良而遭受挫折,因人际关系不良、交友不慎或团体归属感丧失而自暴自弃等,都是导致不良品德或违法犯罪的直接原因。在主观上,道德观念模糊、人生态度和价值观不当、社会认知偏差乃至道德情感缺失、道德意志薄弱、不良行为积习难改,以及性格上呈现出的自尊心过强、以自我为中心、好责备等问题,也是学生容易产生不良品德或违法犯罪行为的心理原因。

学生品德不良的主观原因是缺乏正确的道德观念。不良品德的形成常与学生道德认识上的错误或无知有密切的联系,有的学生不理解或不能正确理解有关的道德要求和道德准则,如把违反纪律视为"英雄行为",把敢打群架等同于"勇敢"。有的学生虽知道什么能做、什么不能做,但这种认识没有转化为指导行为的信念,在富有诱惑力的不良环境影响下,就很容易误入歧途。

学生并不是在真空中成长的,学生有自己的家庭、社区以及文化背景。换言之,学生是在多元背景中发展、成熟的。首先是家庭原因,小军由于父母长期不在身边,从小缺乏来自家庭的教导、缺乏正确价值观的引领,最终导致品行不良。其次是学校环境和老师的影响,学校是学生除家庭之外对其发展影响最大的正式机构。学校管理不到位、校园氛围欠佳、学校与家庭之间缺少沟通是各种严重道德问题行为得以滋生的催化剂。老师是父母的代理人,也是学生仿效的榜样。老师不仅要向学生传授知识,而且要通过自己的身体力行,通过自己的人格特点以及人生观、价值观影响学生。最后是社会和大众传播媒介的影响。长期以来,心理学家们一直关注电视与互联网对学生道德发展的消极作用,这种消极作用突出表现在色情与暴力的宣扬上。美国心理学家的数百项研究表明,观看暴力电视或者参与网络暴力游戏的儿童及学生更具有敌意性和攻击性,长期观看暴力电视或者参与网络暴力游戏会被灌输残酷世界观——认为世界充满着暴力,生活于其中的人们主要采取攻击手段来解决人际问题。这也会使一些学生去敏感化，即对暴力行为不易产生不安情绪，更愿意容忍真实生活中的暴力行为。

心海导航

⭐ 善于发现积极因素，长善救失。善于利用自己的积极因素，扬长避短，择善去恶，具备克服缺点或错误的内在精神力量，才是最有效的措施。哪怕是很微小的进步得到肯定、表扬和鼓励，都能进一步激起前进的热情和信心，正确的行为将被不断地强化而得到巩固。同时也要自觉控制自己不符合道德的念头和行为，增强抵抗干扰和调节自身行为的意志。

⭐ 对于我们来说，应该以理服人。维护正义的方式有很多种，而用暴力解决问题是最不好的那种，许多时候根本不需要用拳头就可解决问题。首先，可以进行换位思考，想一想：如果自己和别人产生了误会，而别人不听解释和道理，不由分说地把我们打一顿，自己是什么感觉？其次，要加强自身的文化学习，丰富文娱活动，在健康有益的文化生活中得到熏陶。最后，将充沛的精力投入到体育锻炼中去，同时强身健体，在运动场上也能结交到更多好朋友。

⭐ 加强品德学习。我们可以看书，看名人传记，也可以学习身边的榜样，不断提升自己的品德修养。了解暴力行为的后果，有些人在打架中残疾了，有些人犯罪了，也有些人打架后结了仇敌，日后生活中不知道什么时候会被报复。暴力行为是一种短视行为，将自己置身于危险之中。暴力行为，害人害己，实不可取。

7 热衷于"帮派斗争"，怎么办

心灵迷思

小丁是学校里有名的"帮派分子"，他在初中时就喜欢打架斗殴，建立帮派来跟别的帮派打架。刚升入职业高中后，小丁整日和其他"同伙"厮混在一起，并且怂恿大家去欺凌同学，把学校搞得乌烟瘴气，老师们都对这个帮派的"狂热分子"感到头疼。即使受到了严厉的批评和处分，小丁依然觉得自己做的事情很"男人"、很"激情"，他始终认为这才是男人应该做的事情。

心路探究

小丁在校拉帮结派并且屡次寻衅滋事，此年龄阶段属于青春期阶段，反抗心理较强，发生侵犯行为在青春期的概率增大，原因在于青春期的冲动，以及这一时期个体已经具备的一定体力。根据攻击行为的研究，帕特森的高压家庭环境理论认为高度反社会的青少年往往经历过高压的家庭环境。

同伴群体对青少年行为有着重要的影响。同伴交往是青少年出现侵犯行为的重要影响因素之一。青少年群体正在形成自己的世界观，受外界的影响较大，并倾向于模仿他人的行为，且缺乏理性的判断能力，不能很好地明辨是非黑白。大众媒体也是导致青少年暴力行为发生的可能原因之一。暴力犯罪题材的影视作品在一定程度上影响了青少年的行为，同时越来越多的暴力游戏也在青少年群体中盛行，使得青少年容易将游戏中的暴力行为在现实生活中表现出来。在信息化的社会，获取影视信息已经越来越容易，但是青少年群体若没有正确的引导，就很容易混淆影视暴力和现实暴力，甚至在现实生活中形成一种暴力倾向。并且，青少年群体情绪不稳定，这使他们遇到问题时，暴力行为往往成为其首选的方法。

心海导航

对于以上这种青少年拉帮结派的反社会行为，有以下几种建议：

★ 减少负面榜样对自身的影响。树立一个正面的榜样，多参加各类实践活动和志愿者活动等，主动自觉减少观看、查阅各种损害青少年身心的暴力文化的影视、书刊等。沉迷暴力网络游戏，一个结果可能是行为失控导致犯罪，另一个可能是出现严重心理问题。远离暴力游戏，可以减少现实中的暴力行为。

★ 正确规范约束自己。要规范自身的言行，营造和谐的环境氛围。当缺乏自我约束力时，寻求老师和同伴的帮助，可以有效减少不良行为的发生。

★ 如果发现自己有暴力行为倾向，应该积极寻求专业人士的帮助，有意识地多参与竞技运动或半攻击性的竞技运动，让注意力从暴力行为转移到运动比赛中。

★ 提高思想认识和法治意识。我们身处法治国家，在当前扫黑除恶的法治社会时代，一旦沦为罪犯，得不偿失，终身遗憾。主动提升自己的法治意识，争做守法公民。

8 总觉得别人认为自己难看，怎么办

心灵迷思

小张是班上的学习委员，身高不高，长相也不算太好，但是学习成绩一直在班级前列。在学校生活过程中他喜欢上班上的一名女生，最近他鼓起勇气向这位女生表白，但是没想到表白后女生转身就逃跑了，一边跑还一边说："这么难看还表白，也不去照照镜子。"从此之后小张就一直不停地问自己："我是不是真的很难看？"并且从那以后他就经常照镜子，但是越看镜子里的自己就越觉得自己难看，小张深深地陷入了对自己相貌的焦虑之中。他开始不太愿意和女生接触，在班级中执行学习委员的工作时，只要和女生接触就变得缩手缩脚。之后一段时间，小张更出现了失眠的状况，这导致他在学校常常精神不振，成绩也迅速下滑。

心路探究

在学生身心发展的过程中，对自己外貌的认知一直是影响学生健康成长的重要因素。如果不能在青春期树立对自己外貌的正确认识，就会使学生产生很多的心理问题，小张的案例就是其中之一。学生进入青春期后，男生担心自己的身躯不够高大，女生担心自己的形体不够优美，这些都是青春期学生会产生的正常想法，但什么因素会让这种正常的想法影响学习和生活，甚至变成一种心理问题呢？我们可以从以下几个方面介绍可能的原因：

学生进入青春期以后，自我意识不断增强，开始关注自我，在这期间，我们的身体发生了很大的变化，这种变化自然会引起更多对自身的关注。身体形象在自我意识中占据重要的位置，青春期的学生希望得到赞赏和认同。因此我们也渴望自己拥有完美的身材和漂亮的脸蛋，从而获得他人的关注和赞美。当对自己体像的期望过高，而现实生活中的自我形象达不到自己的标准时，就会产生过分夸大自我缺陷、忽略自身的优点和长处、过分注意外貌而影响正常学习和生活的现象，这种现象也称体像烦恼。

体像烦恼是一种心理障碍，一般出现在青春发育期。体像烦恼出现的原因不只是心理因素，社会文化因素、家庭因素都是造成体像烦恼的原因。前面说到青春期的学生会对自身的外貌产生更多的关注，而社会文化在这时很容易影响到学生的认知。比如社会上的某些时尚倾向会影响学生的观念，男生可能会崇拜身材健硕或外形帅气的男星，而女生可能会羡慕身材高挑或面容姣好的女星。我们的内心容易产生对外貌不正确的标准，对自己产生错误的认知偏差，从而产生烦恼或焦虑，进而影响学习和生活。

心海导航

根据研究发现，自2005年起，有超过20%的青少年存在体像烦恼，而在这些青少年中，超过90%的人称这种想法或多或少地会影响他们的日常学习和生活。可见青春期的体像烦恼是一个较为普遍的问题，但是我们并不知道这种想法会不会因为某种应急事件而变成严重的心理问题。因此我们从以下方面提供一些建议：

★ 主动寻求帮助。主动接受体像教育，是解决体像烦恼最直接的方法。首先，不过多关注体像是我们必须要强调的，也是体像教育最终要达成的目的。要明白关注自己的体像是一种青春期正常的心理现象，但是自我发展不仅仅体现在体像上，同时也要关注心智的成熟、能力的发展等其他方面。其次，建立正确的审美观，发现自己身上除了外貌以外的美好，每个人的"美"是不一样的，正确认识"美"的含义。

★ 不要太关注体像。要建立正确的体像观，不轻易以社会上对于个人形象的评价方法来评判自己的外表。要对外表形象的观念进行自主探索，不被不正确的社会认识所影响，着力展现内心美。学会接受不完美，努力完善自己的内在修养。

★ 把注意力范围扩大。我们把注意力过多集中在自己身上，才会在意别人怎么看自己。不妨扩大视野，多关注他人，多关注学习，多关注社会，关注的事情多了，格局大了，眼界也就开阔了。提升自己的能力，用可改变的东西来赢得他人好感，例如，培养自己的爱心、提升交际能力、解决实际问题能力。当我们在某一方面特别厉害时，可以忽视长相的不足。

★ 平时，不去评论他人的外貌，欣赏每个人身上的优点。拒绝别人求爱时，一定不能伤害对方的自尊心。

因爱自残，怎么办

心灵迷思

前不久佳佳的室友向班主任反映，佳佳在宿舍有自残行为，班主任赶紧找到佳佳了解情况，佳佳表示她最近被男朋友抛弃了很伤心，所以用自残来减轻自己心里的痛苦。原来佳佳前两个月交了一个男朋友，一开始对方对她很好，对她百依百顺，所以佳佳很快坠入了爱河。但是没想到两个月后男生就没有任何理由地甩了她，她这才从别人口中了解到，这个男生是一个很花心的人，交过的女朋友多得数不过来。佳佳因此受到了很大的打击，一方面她自责于自己的傻，没有提前了解清楚这个"渣男"；另一方面她感到心痛，一是恨该男生的无情，二是因自己受到了背叛而感到痛苦。于是她开始自残，想通过这种方式给自己一个警示，也是在用身体的痛苦缓解内心的痛苦。

心路探究

像案例中这种故意伤害自己身体的行为，就是我们通常所说的自残。自残，又称为非自杀性自我伤害。自残的方式有很多，有的人用刀片伤害自己，有的人用指甲划伤自己，甚至有的人选择用烟头烫伤自己。人们往往会觉得这种听上去让人毛骨悚然的行为离自己很远，不会出现在自己身上，但自残行为实际上在学生群体中并非鲜有出现，而且具有一定的普遍性。自残行为对学生身心健康发展具有很大的负面影响，不仅会对其身体产生伤害，也会加重各种不良情绪，甚至引发心理障碍。面对这种行为，我们尝试分析在学生身上出现自残行为的原因，并给出一定的解决方法。

行为主义学家提出的挫折-攻击理论可能是引发学生自残行为的原因之一。该理论认为当个体在一方面受到挫折或打击时，就会引发个体的攻击行为；当个体因为能力或环境等原因无法对受挫源头发起攻击时，就会对其他对象发起攻击行为。学生在青春期阶段往往会受到很多心理上的困扰或挫折，当这种挫折积累到一定程度，但是又无法合理宣泄时，有的学生就会选择将这种攻击的冲动转向自己，从而出现自残行为。

行为强化理论也能为自残行为提供一定的解释。学生的自残行为往往是因为心理上积累了一定的痛苦，而自残行为产生的生理痛苦，在一定程度上缓解了心理上的痛苦。这种自残行为和心理痛苦的缓解逐渐形成了联结，也强化了自残行为的产生。行为强化理论和挫折-攻击理论在行为出现的原因方面是相似的，它们都强调的原因是学生心理的痛苦无处宣泄。

心海导航

对于学生已经出现的自残行为，要有合理的处理方法，我们给出了以下几条建议：

★ 寻求有效的心理支持。出现自残行为最主要的原因是不良情绪得不到合理的发泄，从而导致出现自残行为，如何处理我们的不良情绪是关键问题。我们可寻求老师的支持，加强对我们的心理支持，弥补本人在心理支持系统方面的缺失。

★ 主动接受测评。我们通过心理测评，让老师帮忙分析，及时给予干预，帮助我们解决自残问题。了解自残留下的后遗症，毁掉自己健康的同时，还会影响人际交往。

★ 身边的同学是最好的伙伴。当同学、室友发现同伴有自残行为时，一定要在第一时间报告老师和给予制止。因为自残行为是会传染的，一旦发现，一定要及时报告，这既是保护同学，也是保护自己。

★ 我们在遇到痛苦时，可以采用倾诉、运动等方法缓解，平时多交朋友，建立自己的支持系统。比较有效的方法就是原地起跳到跳不动为止，出去跑步也很有用，或者准备好一块冰，握在手里，也可以转移注意力，缓解心里的痛苦。

⑩ 被义气"挟持"，怎么办

心灵迷思

小天是一名高一的学生，他的性格比较温和，不太会拒绝别人，在班里成绩一般。刚来班级时，他结交了几个性格很合得来的朋友。最开始几个人会一起打打篮球，或者凑在一起聊一聊相互都感兴趣的话题。开学一个月后，有一天中午放学后几个朋友突然提议要去网吧，小天认为未成年人去网吧不好，就劝导他的同伴也不要去。但是迫于同伴的压力，他只好跟着去了网吧。有了那一次后，他的朋友便经常怂恿他在放学时间去网吧，甚至有一次几个人要逃课去网吧，还以"不去就做不成朋友为由"强迫他一起。从那之后小天不想再去做他不喜欢的事情，但是又怕失去那几个朋友。上课的时候他会不由自主地想如何应对朋友的怂恿，老师常发现小天不管是上课，还是课间都表现得心不在焉，他的成绩也渐渐开始下滑，在学校的时候也常常闷闷不乐。

心路探究

同伴群体是影响学生成长的重要社会环境，在同伴群体中，多数人共同的决策或行动对个体是一定会产生影响的，这就是我们所说的同伴压力。同伴压力是一种个体受同龄人的影响做出非个体意愿的某种行为过程中感受到压力的主观经验，当个体无法正确处理这种经验带来的影响时，就会影响个体的发展。对于学生同伴压力的产生原因，我们可以从以下几个角度来分析：

青少年时期，个体身心发展迅速，自我意识日益增长。这个时期学生的内心是矛盾的，我们一边向往自由、独立，同时又渴望得到广泛的认同和接纳。在和同伴相处的过程中，往往因为重视同伴之间的交往和友谊，屈从于同伴群体的行为方式和价值观念。当这种行为方式和价值观与个体的价值观产生冲突时，个体就会感受到来自同伴群体的压力，并且会花费大量的心理能量去解决这种冲突。如果没有他人正确的指导，这种冲突不但不会被解决，还会持续损耗学生个体的时间和精力，严重影响学生正常的学习和生活。

同伴压力也来自团体规范。同伴群体是一种亚文化群体，是一个相对开放的群体，成员有进有出，不断变化。在同伴群体内有相同的价值观、情感需求和规范，并会在相对较长的时间内保持感情联系，成员间相对平等。这对于想获取群体的认可、信任乃至接纳的个体来说，不得不按照规范办事、不得不接纳群体的价值观，否则就会面临同伴群体的"制裁"，如回避、孤立、排斥，甚至威胁和身体侵害。这样，同伴群体规范就会在学生心理上产生压力，特别是那些与自己价值取向不合的一些群体行为规范，更会构成学生的重大心理压力。

心海导航

同伴压力其实有两面性的，同伴的消极行为虽然会影响自身的行为，但是积极行为同样可以帮助我们产生好的行为。所以在看待同伴压力时，我们需要用辩证的眼光。同样在解决同伴压力时，我们也应该重点解决负面的同伴压力给自己带来的影响。对于解决负面的同伴压力，我们给出了这样几条建议：

★ 学会如何处理同伴压力。合理应对同伴压力，首先要认识到同伴的消极压力绝对称不上友谊，应当坚决予以拒绝。友谊应该是建立在"志同道合"基础上的一种情感联系，朋友之间应该在品行上相互鼓励，学习上相互切磋，而不是不讲原则、违心地做自己不想做的事。选择进入一个团队之前，一定要小心谨慎，选择自己认可的团队。

★ 学会处理同伴压力的方法。比如应对同伴压力可以三步走：第一步向自己提出问题，确定自己遇到了什么事情，这个事情是否违背了父母和老师的要求、社会道德规范甚至是法律，自己要对事情有一个清晰的认识。第二步勇敢地说"不"，如果事情是错误的或者是我们不愿意的，就坚决地说"不"，并且在拒绝后讲明理由。第三步可以想出代替的方法，提出一些健康可行的、可供选择的替代方式。

★ 理性看待"义气"。真正理解义气的内涵，不做煽风点火的事，不要好心办坏事。很多时候，冷静下来，心平气和地沟通才是解决问题之道。

 花钱没有节制，怎么办

心灵迷思

小丽的父母都是普通的上班族，家境一般，考虑到小丽在学校寄宿，因此父母每个月都会给她一定的零花钱。然而，小丽花钱总是大手大脚，父母每个月给的零花钱都会被她提前用完，甚至她还会向父母索要更多的零花钱。每次看到同学买了新款的

衣服、玩具、文具，她就会立刻跑去买下同样的东西。她的衣服、玩具、学习用品堆满了寝室，但大多数物品她只用过一两次，然后就被她闲置在寝室的一角。而在同学过生日的时候，小丽想都没想就用500元给同学买了一个生日礼物。每次小丽向父母索要零花钱的时候，父母都会制止，然而小丽却总是以如果不给钱，就不学习为由威胁他们，小丽的这种坏习惯愈演愈烈。

心路探究

在孩子没有形成对金钱的正确认识之前，父母每个月提供给孩子零花钱让其自由支配，会导致孩子陷入盲目消费、炫耀消费等误区。长此以往，难以形成节俭的良好习惯，做什么都浪费、无节制。针对这类问题，有以下几种原因可以解释：

攀比心理是造成学生花钱没有节制的主要原因。攀比心理是消费心理的一种，它是指个体脱离了自身的收入水平，为在各方面超过对方而盲目攀比的心理。看到同学有了新款的手机，就认为自己不能在这方面落后于他人，一定要买一部比他们更昂贵、更新潮的手机；看到同学过生日的时候，某个同学送了价值100元的礼物，那么自己一定要买一份更贵的礼物，这样才能证明自己和寿星是最要好的朋友。这种负性的攀比心理会导致个体产生巨大的精神压力和极端的自我肯定或者否定，从而产生异常的价值观。这不仅仅会增加我们自身的心理负担，还会给原本就不太富裕的家庭带来较大的经济压力。

从众心理以及学生对于归属感的需求也会导致此类行为。从众效应指的是个体受到群体的影响而怀疑、改变自己的观点、判断和行为等，以期和他人保持一致，也就是通常人们所说的"随大流"。为了不落后于同学、偏离学生群体中的小团队，有些学生通常会选择盲目跟风，会担心如果自己未能与群体中的同学保持一致，群体会对自己有所排斥和拒绝，最终导致花钱无节制的现象。此外马斯洛的需要层次理论认为，随着人们生活水平的提高，人们的基础需求得到满足。由此人们对归属感的需求也会越来越高，更看重自己在别人心中的形象，从而产生一定的从众心理。

心海导航

学生花钱没有节制，不仅会增加家庭的经济负担，而且也不利于学生形成正确的金钱观，使其养成奢靡浪费的不良习惯。因此，改变学生错误的金钱观是一个重要的课题，针对学生花钱没有节制的问题，有以下建议：

★ 从实践中了解家长挣钱的艰辛。现在我们许多学生如同生活在蜜罐子里一样，不愁吃，不愁穿，花钱大方，挥霍无度，但仍感到很不满足。关键是我们体验不到家长挣钱的艰难。为此，我们可以结合专业积极参加社会实践活动，在实践中体会赚钱的艰辛。跟父母一起去劳动去挣钱，体验是最好的学习。

★ 正确认识名牌。对于过分追求名牌的学生，无论是喜欢名牌的质量和使用感，还是单纯为了满足自己的好奇心，都应该心平气和地共同与家长讨论，明白名牌和自尊、受欢迎程度以及自我价值感之间的关系，以便有针对性地解决问题。自我价值感不高的人，更喜欢借名牌来提升自己。真正想让自己有价值，还需要提升自己的实力。

★ 合理使用零花钱。制定零花钱合理使用规划，将零花钱控制在一定的范围内。当花销超出预算时，树立负债心理，形成约束机制。即如果已经将当月的零花钱用完，并且还想要更多的零花钱时，必须要付出努力，如劳动打工、提升学习成绩等，才可以适当地获得额外的零花钱。学习理财知识，养成储蓄与投资等习惯。

12 网络行话"出口成脏"，怎么办

心灵迷思

小袁是一名高一学生，是家中的独生子，父母在工厂上班，工作非常繁忙，无暇照顾以及关心他。因此，小袁日常生活中的社交几乎都依赖于网络，网络对他的沟通表达方式产生了很大的影响。平时在同学聊天甚至是在老师上课的时候，经常能听到小袁胡侃，将网络上的行话俗语、骂人词汇脱口而出。比如，"我信你个鬼，你这糟老头子坏得很""猥琐发育，别浪"等，脏话随口流露并乐此不疲。班主任曾多次找他谈话，起初他还能加以克制，但是一段时间之后他又忍不住嘴里蹦出几个新的网络词汇，并且表示自己实在无奈，不用网络俗语根本无法表达自己的想法。一个学期下来，任课老师对他的印象愈发差，部分同学也受他的网络俗语影响，班级氛围也受到不良影响。

心路探究

学生说脏话一直是让老师和家长十分头疼的一件事，学生在青春期时的学习能力很强，很容易被周围环境所影响，因此学会说脏话这种事往往在不经意间就会发生。在科技发达的今天，网络成为滋生脏话的"温床"，网络的匿名性和易操作性，让脏话肆意横生，而学生在使用网络的过程中，就会很容易学会脏话、使用脏话。为了探究学生说脏话的原因，我们从以下三个方面进行探讨：

不良环境影响。网络脏话横行最主要的原因在于网络以及周围环境的影响。学生在使用网络的过程中，会受到网络文化潜移默化的影响，再加上网络的匿名性，让学生在上

网时会使用更多的脏话，并且这种脏话的使用在经过一段时间后会泛化到现实生活中。环境影响还包括周边同学的影响，当我们长期处于一个周围人"出口成脏"的环境里，我们也就会受到环境的影响开始说脏话。

说脏话也是一种社交手段。在学生的小团体中，迫于群体规范的压力，学生也会有说脏话的行为产生。比如在一个五人的学生小团体中，如果其他四个人都说脏话，而另外一个人说话"规规矩矩"，一个脏字都不吐，那其他人就会觉得他不合群，迫于这种群体压力，不说脏话的学生也会慢慢地"出口成脏"。

心海导航

说脏话是一种不文明的现象，是一个严重的恶习，不仅是个人素质不高的体现，还会影响同学之间的友谊和团结，给他人留下不好的印象。如果不能帮学生改掉这种毛病，会影响学生今后的发展。学生说脏话不仅会破坏班风、校风，学生说脏话的习惯也会潜在地影响社会风气，所以对学生说脏话的行为进行干预是学校亟待解决的问题。

★ 自觉创造文明的语言环境。我们受环境影响的因素很多，同学之间要互相监督，从自身做起，与同学交流时要注意礼貌文明用语，切忌使用粗鲁、庸俗的语言，用自身的态度来影响同伴，共同使用高尚、纯洁、文明的语言，创设良好的语言环境。

★ 自动模仿抑制。自动模仿是我们与生俱来的能力，在很多时候它能帮助我们更好地进行社会交往，但是有很多研究表明，孤独症、自闭症的儿童大多数都有过度自动模仿的现象，说明如果个体自动模仿程度太高，会对个体产生负面影响的。对于说脏话的现象，可通过自动模仿抑制训练进行改善，在面对其他同学说脏话时，更能有效控制自己。

★ 学会自我强化。有些同学知道自己有说脏话的问题，也有想要解决的想法，但是往往控制不住自己说脏话的行为。这里我们给出一个自我强化的小方法，我们可以通过对自己的行为进行强化和惩罚来限制说脏话的行为。比如在日常生活中，我们如果说了一句脏话，就惩罚自己跑圈、蹲起等，如果几天没有说脏话，就奖励自己买些小零食、看部电影等。自我强化最好结合上面的他人强化，更能起到改变行为的效果。

★ 了解说脏话的后果。虽然在一个小团体中说脏话很正常，但是到了另外的团体，我们若不自觉地冒出脏话，会严重影响别人对我们的印象，认为我们是不文明的人。

13 得了"中二病",怎么办

心灵迷思

阿芳从初中开始就很喜欢看漫画,到了职业高中之后就更加一发不可收拾,家里买了很多漫画书,一有时间就抱着手机或漫画书看。阿芳在家里很喜欢用漫画人物的说话方式来跟家长交流,并且还时不时冒出一两句惊人的话。比如,"这个世界真是太罪恶了""错的不是我,是这个世界"。有时候让父母怀疑阿芳的心理是否出现了什么问题。在学校阿芳也是神神秘秘的,跟同学交流时经常"语出惊人",她平时喜欢在笔记本上画一些漫画中的人物,并且衣着的颜色都以黑色或暗色系为主,因为她认为这样很酷。阿芳自称"堕天使",认为学校里很多事情都是黑暗的,存在着地下的交易或规则,她认为自己的存在就是为了揭露这些事情,所以常常一个人神神秘秘地消失。阿芳朋友很少,她称没人能理解她,成绩也不太好,她对此也满不在乎。

心路探究

处于青春期的个体往往会有较多的特异言行,这些言行所代表的症状被称为"中二病"。这类人群追求自己希望的状态(如成熟、理性、与众不同等),排斥不希望的状态(如平凡、内疚、无助等),乐于表现自己的个性并期望获得他人的认同。大部分人在青春期时都会出现这种情况,出现这种情况可以从以下几个方面解释:

首先,这与学生的自我意识正在迅速发展有关。从青春期开始,个体的自我意识迅速发展,并逐渐趋向成熟。这一阶段我们尤其关注自身的形象、努力探寻自我的价值,也渴望被人关注。我们中的一部分人开始使用常人所不懂的语言文字、身着奇装异服以引起他人的注意、彰显自己的个性、表现自己的内心世界。然而我们的心理发育还未成熟,对事物的认知和思考常浮于表面,不知道应该如何恰当地表达自己,而把个性和时尚等同于怪异的行为。

其次,这与学生所处的环境有着密切的关系。孩子的自我意识不是与生俱来的,而是在人际交往过程中逐渐发展而形成的。孩子一生中最先进行的人际交往便是与父母的互动。父母作为孩子的第一任老师,他们的行为和教养方式会影响孩子自我意识的发展。缺乏父母关爱的孩子在自我认定、自我评价方面存在困难,难以与他人建立良好的关系,容易出现怪异行为。孩子在幼时如果与抚养者有良好的关系,能形成安全依恋,就会具有更积极的自我意识，出现较少的行为问题。

最后，在高度信息化的今天，资源获取比较便利，我们能迅速地获得各种讯息。只要掏出手机，便能浏览世界各地的奇闻逸事，这些信息产生的影响也就随之而来了。但学生对信息的分辨能力较弱，在不断涌入的信息"感染"下，会轻易模仿这些信息中的言语、动作。

心海导航

作为一名青春期的学生，应当意识到自己产生这样的怪异行为是不容易被他人所理解的。最好采取一些措施来减少这类行为的发生，以免严重到影响人际关系。那么，应该如何形成良好的自我意识，减少古怪行为呢？

★ 积极沟通，不断改变。寻求老师帮助，告知老师自己对这种行为的看法，能正确、理性地看待这种行为。了解怪异行为给自己带来的负面影响。学习现实思维，学会活在当下，让自己与周围真实的人事物相连接。

★ 积极关注，及时肯定。让老师和同学多关注自己在这方面的改进情况，会得到积极的肯定、鼓励。这样一来，古怪行为也会随之减少。

★ 树立榜样，积极模仿。面对各种各样的信息，我们容易失去方向，不知道应该如何选择。我们要清晰理解良好行为的表现，并且不断效仿。

★ 当我们愿意沉浸在故事人物的世界里时，很大一部分原因是对现实的不满，没有发现现实的美好，只能从虚拟的世界中寻求满足。这时我们应跳出幻想，看看自己身边真实的世界，主动与同学接触，探寻美好的现实世界。

 一回家就变得懒散暴躁，怎么办

心灵迷思

小白是一名职高二年级的男生，在学校时，小白是老师和同学眼中的乖学生，平时谦卑有礼，说话客客气气、斯斯文文，也不会去违反学校的规章制度。小白的成绩在班级中名列前茅，在学校的各项考核中小白也都是全优。但是，在家中的小白却和在学校的小白判若两人。小白时常因为一点小事就和父母吵得面红耳赤，甚至有好几次都把母亲气哭了。有一次，小白又因为一件小事和父母发生了激烈冲突，争吵之后便摔门出去。父母原本以为小白会像从前一样过几个小时就回家，但是这次小白却不

打招呼去了一位同学家，不声不响地在同学家待了两天之后，若无其事地来到学校继续上课，似乎什么事也没有发生过一样。

心路探究

学生在步入青春期后，在家中和在学校的表现或多或少会有些不一致，甚至完全不同。而学生的行为过于不一致，不利于身心发展，容易使其在情境中不能表达应有的情绪。那么，有些乖学生为什么一回家就变得懒散暴躁呢？主要原因可以从以下几个方面进行解释：

精神分析心理学家荣格提出"人格面具"一词。本义是指使演员能在一出剧中扮演某个特殊角色而戴的面具，也被荣格称为从众求同原型人格。人格面具的形成是普遍必要的，对现代人的生活来说更为重要。它保证了我们能够与他人，甚至是与那些我们并不喜欢的人和睦相处，为各种社会交际提供了多重可能性。在学校表现的好坏直接影响我们在他人心目中的形象和地位，因此更容易带上自己的人格面具，将自己想要展示的一面呈现给大家，所以在老师和同学的眼中，都是乖学生、好学生。但是在家中，部分人就会卸下在学校的人格面具，展示出自己本来的面目，甚至会把家当作发泄情绪的场所，将学校里的压力全部释放出来，从而造成乖学生一回家就变得懒散暴躁。

家庭教育和学校教育的标准不一致，也会造成有些乖学生一回家就变得懒散暴躁。社会心理学中有个理论叫"群体动力学"，其主要观点是个体的行为是个性特征和环境相互作用的结果。家庭和学校的环境差距大，就会造成孩子在家中和学校完全不同的处事风格。相比于家庭，学校的规矩较多，学校有明确的作息时间规定、明确的规章制度。老师也会反复强调遵守规则的重要性，对于违反规则的学生的处罚也毫不手软。因此在学校中，学生大多会遵守纪律，表现良好。相反，在家中，父母对于孩子的作息、言行等都没有明确的规定，孩子也比较自由。所以在家中孩子更容易以轻松自在的方式处事，这会进一步导致孩子在家中的懒散暴躁。

青春期学生的独立意识逐渐强烈，同伴交往也逐渐变得更为重要。一方面，在家庭中，我们渴望摆脱父母的束缚，成为一个独立的"小大人"。但在家长眼中，孩子永远是长不大的，这就会使父母对我们有过多的束缚。这种冲突，容易造成我们不愿意与父母有过多的接触，从而导致我们在家中更容易懒散暴躁。另一方面，同伴在学生的生活中变得日益重要，同伴关系对我们也有巨大的影响。这就会使我们只愿意在学校发展自己的人际关系，与同龄朋友推心置腹。有时我们还可能会为了获得良好的同伴关系而掩饰自己真实的情绪，使自己的一些负面的情绪不在学校表现出来，更倾向于展示自己阳光的一面。这就造成了学生在家中和学校的不一致表现。

心海导航

性格存在多面性是一种正常的心理现象，即使是成年人也会存在这种情况。但是如果行为不一致现象过于极端，则会产生不利的影响，妨碍良好性格的养成。针对乖学生一回家就变得懒散暴躁的应对措施，提出以下建议供参考：

★ 学会改变自我，懂得养育之恩。青春期是一个敏感的时期，我们需要更多的自由，但是在家里要反思自己是否过于自由。因此，在家长的鼓励和引导下，我们要学会与家长主动沟通，认真倾听和交流内心的想法，用语言表达自己的意见。

★ 作为"乖学生"的我们，首先要意识到父母是最亲近、最包容我们的人，但这并不意味着我们可以肆意伤害他们。为了更好地理解父母的不易，我们可以与父母进行"角色交换"，体验"父母"的感受。我们成为"父母"，父母成为"乖孩子"。换位思考以更好地了解自身的不良行为会对父母产生怎样的伤害，并能促使我们与父母深入沟通交流。

★ 了解自身行为的后果。在家中的表现，更能看出一个人真实的面貌。如果学校的老师、同学都知道我们在家的表现，大家又会如何看待我们的为人呢？让自己做一个表里如一的人，不伤害最亲的人。

15 具有选择困难症，怎么办

心灵迷思

小廖是一名职高三年级的学生，她具有严重的选择困难症。不管做什么事情，只要选择超过两个，小廖就会十分纠结，不知该如何选择。小廖在买练习本时，时常会为选择哪个颜色的本子而纠结。吃饭的时候，她时常会为吃啥而纠结许久，导致本来就不多的午饭时间变得更加紧张。最近小廖开始纠结是继续学习还是出去工作，一方面她想要继续学习，提升自己的学历，另一方面她又想早日工作，锻炼自己的实践能力。总之，只要有选择的机会，小廖就会十分纠结，耗费大量的时间去思考该选择哪个。

心路探究

面对选择时异常艰难，无法正常做出自己满意的选择。在几个选择中必须做出决定时感到很恐慌，不知所措。最后还是无法选择，导致对于选择产生某种程度上的恐惧。这

就是选择困难症，也叫选择恐惧症，想必好多人都有这种经历。那么，为什么会出现选择困难症呢？

首先，从客观环境角度来说。丰富的物质和家庭教育会影响我们的选择。自从人类发明现代化标准生产线以来，大量物品被生产出来，然而差别却越来越小。在生活中我们深有体会，哪怕是买一杯酸奶，也有十多种品种可供选择。这虽然在一定程度上丰富了我们的生活，但也加重了我们的选择负担。面对众多产品时，我们没有充足的时间一一进行深入了解。在缺乏深入了解的情况下就要做出决策是很艰难的，因此选择困难也是可以理解的。除了社会大环境，家庭小环境也会影响个体的选择能力。选择是人与生俱来的一种能力，而这种能力在1岁左右开始彰显。1～12岁是训练孩子自主选择的关键期，如果在这一时期没能让孩子进行充分的自主选择，那么极有可能引起选择困难。

其次，这可能是个体的完美主义和非正常心理在作怪。拥有完美主义倾向的个体通常比较苛求，较难确定自己内心最重要的需求、比较贪心，难以获得心理平衡。我们通常会赋予选项太多的意义，要求自己在众多可供选择的选项中做一个单选，而且这唯一的选择必须是最大限度的理想化的选择。正是由于这些过高的要求，追求完美的倾向，导致个体在做选择时优柔寡断、犹豫不决。

再次，选择意味着承担，选择困难可能是害怕承担责任。当个体在面对一些可能会影响人生轨迹或者有深远社会意义的重大选择时，如果害怕承担选择后所导致的出乎意料的社会责任和后果，这就容易使选择者陷入无尽的焦虑之中。这种焦虑又会使选择者无法理性分析选项之间的优劣，加剧难以抉择的心理状态。

最后，生理上的疲劳可能会使个体陷入选择疲劳状态而无法做出决策。以色列本古瑞安大学的丹吉哥教授和哥伦比亚大学雷巴普教授团队，在为期十个月的观察期内，探讨"选择疲劳"究竟对现实生活的影响力有多大。结果发现当个体处于疲惫饥饿的状态时，会难以做出决策。

心海导航

面对各种生活琐事和阶段性的人生大事，我们都需要进行选择。然而难以决策已经成为我们的常态。我们应当如何高效地做出决定呢？

⭐ 首先，根据行为认知治疗专家的建议，当我们面对难以决策的情况时，可以将每个选项的优缺点逐条罗列出来，根据自己的需要和行为目的进行选择。例如，当我们在工作和继续学习中犹豫徘徊时，我们可以列出一个对比清单，将两个选项的优缺点依次写下来，便于我们迅速察觉两种选择的异同。对于工作，我们可能认为有减轻家庭负担、尽早适应社会等优点，但是会面临众多生活压力。对于继续深造，我们能获得更多的知识，提升自我能力，但是并不代表将来会有一个好工作。写下各自的优缺点后，再根据自己的目标进行抉择。

⭐ 其次，难以决策的时候不要着急做出决定，休息放松后再进行抉择或许更容易。

当面对多个无法选择的选项时，不要催促自己快速决定，我们可以先做一些其他事情，例如运动、旅行，让自己放松下来之后再决策，这可以缓解因无法决策而带来的焦虑，让我们更理性地看待选择。

★ 最后，寻求家长和老师给予我们积极的选择引导，在我们做决定时提供更多参考意见，锻炼我们选择的能力。克服完美主义，接受没有完美的现实，允许有缺陷，乐意为自己的选择承担责任。

16 总是喜欢以自我为中心，怎么办

心灵迷思

小佳是一名职高一年级的学生，是家中的独生女，父母对其宠爱有加，但因工作繁忙，没有时间经常陪伴她，所以一有时间相处，就尽量满足小佳的所有要求，这也导致了小佳的"公主病"。刚进职业高中，小佳便要求寝室的同学全都要听她的，必须以她为中心，寝室事务要由她来做决定。凡是有室友和其他室友一起玩耍，稍微冷落了小佳，小佳就会烦躁不安，心里醋意翻涌。在班级里，同学都需要捧着、哄着小佳，如果有人和她作对，或是提出不同的观点，小佳就会想办法孤立该同学。小佳在职业高中的生活，被朋友关系、同学关系的困扰所占据，她变得像个侦探，去窥探、调查朋友间的关系。她变得斤斤计较，整天计算她在班级里的"地位"，也因为小佳的这些情况，无论是班级同学，还是室友，大家都越来越不喜欢和小佳相处，小佳也因此时常失眠、烦躁不安，畏惧学校生活。

心路探究

像小佳这样的情况，在学生群体中并不少见。他们常常仅从自己的立场出发，把自己当作世界的中心，而忽略他人的存在，想要什么就一定要得到什么，丝毫不懂顾及旁人的感受。这就是我们平时所说的"以自我为中心"。那么，学生以自我为中心的原因有哪些呢？

"假想观众效应"是人以自我为中心的一个重要原因。在青少年时期，我们可能会持有这样的信念，即其他人也如我们关注自己一样非常关注我们，而且别人对我们的评价与我们对自己的评价应高度吻合，这就是"假想观众效应"。拥有"假想观众"思维的人通常认为自己是舞台上的主角，同时也认为自己是所有人注目的焦点。我们会特别在意在他

人眼中自己所扮演的角色，并会在脑海中虚构出一群观众，时刻在注视着自己的仪表与行为。正是这种"假想观众效应"导致了学生过高的自我意识、对他人想法的过分关注，以及在真实与假想的情境中去预期他人的反应倾向，以致个体无论在服饰、发型，甚至外貌上的微小瑕疵都特别在意，从而可能影响个体正常的学习与生活，并阻碍正常的社会行为。

学生的观点采择能力不高，也可能会造成学生过于以自我为中心。所谓观点采择是指个体能够推断他人内部心理活动的能力，即能站在他人的角度，采取他人的观点，设身处地地理解他人的思想、愿望、情感等的认知技能，是一种基于认知的移情能力。为此，个体必须能够首先发现自己与他人观点之间潜在的差异，把自己的观点和他人的观点区分开来。学生的认知发展进入了形式运算阶段，我们不但可以思索自己的想法，也可以站在他人的立场考虑问题。但是并非所有的学生在进入青春期后，都具有成熟的形式运算思维，由于缺乏经验，我们往往无法区分他人所思维的对象，与自己所关切的对象的观点有什么不同，从而误以为自己是别人眼中的焦点，且别人的想法和自己一致，因此产生了自我中心思维。

父母的教养方式也是学生过于以自我为中心的一个助长因素。许多孩子在家庭中易被家长当作"小皇帝""小公主"，从小就是整个家庭关注的焦点，并能够轻而易举地获得来自父母、祖辈无原则的迁就和溺爱，几乎任何要求，不管合不合理，总能得到满足。这很容易让孩子认为，别人为自己提供各种支持和帮助都是理所当然的，逐渐形成以自我为中心的习惯性意识。另外，还有一些孩子从小就受到了父母自我中心式处事方式的熏陶，并在不知不觉、潜移默化中形成与父母相似的处事方式，从而导致了学生以自我为中心的行事风格。

心海导航

自我中心在学生群体中有突出的表现，会对个体的日常生活和人际关系造成不利影响。因此，缓解学生个体的自我中心思维是一个重要的课题。针对学生以自我为中心的问题，有以下建议：

★ 参加共情训练。以自我为中心的学生很多时候并没有意识到自身行为的不当性，因此通过一定的共情训练，可以认识到自己以自我为中心的情况，充分意识到自身行为的不当性，从而调整自己的行为。常见的共情训练方式主要包括：介绍共情概念、观察情绪图片识别情绪状态、角色扮演感受他人情绪体验、讨论换位思考和事件分析等。

★ 树立正确的人际交往原则。在人际交往过程中多设身处地地为他人着想，理解他人，并学会尊重、关心和帮助他人。可以多参加志愿者活动，在活动中多与他人交流，了解他人的想法，逐渐改掉以自我为中心的毛病。

★ 参加团体活动，产生团体意识。可以经常参加团体活动，比如跳长绳、看书、打球等活动。这不仅能够使自己从团体活动中习得新知识，而且能够拉近与同伴之间的距离，培养团体意识和团体责任感。

★ 运用九宫格,练习换位思考能力。分别从你、我、他与过去、现在、未来的维度,来看自己的行为。经常请周围人对自己的行为给出反馈意见,虚心接受同学的建议。

17 总感到"生无可恋",怎么办

心灵迷思

小凯是一名高二的学生,最近他有了退学的念头,因为他觉得在学校很无聊,可当老师问他退学后要去哪、去做什么,他又说不出。小凯每日在学校里无所事事,他觉得混日子太难了,而看到自己的初中同学一个个参加兴趣班,参加学校活动,取得优异的成绩,自己又觉得很失落,看不起自己。他想要努力,却不知道该怎么做。去学习、看书,坚持不了两天;去参加社团活动,又觉得无聊,不感兴趣;去跑步健身,也很快就放弃。所以他每天都选择用玩游戏来麻痹自己,他认为在游戏中可以暂时忘记这些烦恼的事,在游戏中他有清晰的目标,有动力,有成就感。但是当他晚上睡觉时想起自己的碌碌无为,又会否定自己,所以迫切希望解决自己内心的这种矛盾。他认为活着没有意思,该怎么办?

心路探究

小凯的矛盾在学生群体中是比较普遍的,我们把这种现象叫作"目标缺失迷茫症"。这类群体的人总感觉找不到目标,看不清前路,所以整天无所事事,对什么都无所谓,每天投身于所谓的欢乐中,打游戏、看视频、读小说等,久而久之对生活失去兴趣,上课昏昏欲睡,学习不感兴趣,认为读书无用,得过且过,厌学、逃学,甚至辍学;有些学生还会越来越自闭、自卑、悲观厌世,稍遇到点挫折便闷闷不乐,整天萎靡不振,既没有幸福感,也没有成就感,把前途看得一团漆黑。分析这种迷茫困顿产生的原因,主要有以下几个方面:

学习屡次受挫,缺乏自信。一般容易迷茫和失去目标的学生都曾在学习中屡次受挫,所以会缺乏自信,甚至已经自暴自弃、破罐破摔。在他们看来,学习是一件苦差事,"读书无用"是他们的口头禅,对学习持有十分厌恶的态度。所以在学校生活中,这类学生处于非主流群体,面对学校正常的课业,他们感受到的是无聊、是恐惧,甚至是讨厌。他们不会采取任何行动迎合主流,听从老师、家长的要求去学习。他们往往不能给自己确立恰当的目标,学习时漫不经心,遇到困难时常常自暴自弃,甚至不指望自己能学有所获或有一技之长。

不能正确认识自己的兴趣和专业，缺乏职业指导。在入学时，不了解学校，也不了解自己的兴趣爱好，不知道什么专业适合自己。对自己以后的生活规划和职业规划一片空白，对职业市场不了解，茫然地选择就业方向或专业，有些人的专业甚至是在父母帮助下或父母强迫下选择的，既谈不上理想，又不符合兴趣与爱好，更谈不上个人规划，所以才会表现出对学校生活的厌恶感和对自己未来的失控感。

不知道生命的意义，感觉到空虚，感受不到自己的价值。

心海导航

目标缺失迷茫症在中职学生群体比较普遍，这类群体缺乏目标和标准，整天无所事事、碌碌无为，使人容易自卑、敏感、焦虑、抑郁。有些学生因为每天无事可做，甚至认为活着没意思，我们可以从以下几个方面来消除这种症状：

★ 正确认识自己，激发自己的潜能。由上述分析可以得知我们迷茫的主要原因是不知道自己该做什么，缺乏相应的行动方向和行动力，心理学中把该现象叫作心理驱动力不足或动机缺乏。中职学生大都处于青春期，普遍好奇心强，具有很大的发展空间和潜能，但自主性仍不高，在发展道路上仍处于被动地位。所以我们应该去积极了解自己，了解自己的优势和不足、爱好和兴趣，了解自己身边的资源以及自己所学知识技能的发展，然后去树立目标，发展自己。

★ 积极参与活动，丰富生活，增长见识。学校是一个阳光温暖的大环境，在学校中有朝夕相处的同学，有兢兢业业的老师，也有为促进学生健康成长、丰富学生课外生活而设置的各类活动和社团。同时学校也是一个充满挑战的小社会，我们在学校生活中需要完成相关课业，更需要学会处理周围的人际关系等。所以面对机会和挑战，我们应该积极去参与，去面对，在一次次的挑战中学习相关知识，丰富自己的思想，增长自己的见识，而不是一味地沉浸在自己的小世界或虚拟世界。找到自己的爱好，活出生命的意义。

★ 做好职业规划，明确人生方向。我们时常感到彷徨迷茫，是因为没有方向，而职业规划相当于前行路上的指路明灯，所以我们应该在认识自己的基础上，结合自身兴趣、爱好、个性和需求制定相匹配的职业生涯规划。霍兰德曾提出，个体要根据兴趣、人格建立职业规划，职业规划是个体取得成功的重要因素，每个人都生存在一定的环境中，都必须与一定的环境相适应，发展与该环境相适应的技能。所以职业生涯规划可以解决我们在学习中的迷茫、困惑，让我们重燃梦想，重树信心，也可使我们充分利用在校时间，掌握知识技能，进而确立自己的职业发展方向和人生方向。

行为问题

1 对手机的使用出现偏执，怎么办

心灵迷思

小超是某职高二年级的学生。自从拥有手机之后，小超就一直对手机爱不释手，特别喜欢在网上和陌生人聊天，上课手机一响就会看信息。有一次小超在教学区玩手机，违反了学校规章制度，被学生处老师扣分，班主任要求其上交手机。上交手机后的小超并没有认识到自己的错误，他四处借钱并在周末外出打工赚钱买新手机，导致他四处欠钱。拥有新手机的小超对手机更加痴迷，只要手机不在身边，他就会浑身难受，坐立不安。每天晚上小超都会玩手机到凌晨两三点，导致他白天特别困，上课没精神，成绩越来越差，但他自己不在乎。为了玩手机，小超甚至以退学相威胁，家长不同意他就此退学。他对此感到很痛苦，怎么办？

心路探究

在当今信息化时代，手机能为我们的生活、学习提供很大的帮助，但是同时它也给我们带来很大的诱惑，进而过度使用。预防不合理使用手机而产生的不良行为，是我们要思考的问题，学生使用手机产生不当行为，主要有以下几方面原因：

学生自我控制能力缺失。手机中五花八门的娱乐方式、网络信息是吸引人们不断使用的原因。对于成年人来说，可能有足够的自我控制能力来控制对手机的使用，但对于青春期的学生来说，自我管理仍处于发展阶段，自我控制能力普遍不高。当接收到手机上的各类新鲜事物时，很多学生不能合理安排自己的时间，不知道如何平衡学习和娱乐的时间，容易把精力都花费在手机娱乐上。当这种对手机的使用上升到"成瘾"的层面，就容易产生不当的使用行为，比如，不分时间场合的使用，或者对老师和家长的管控产生强烈的抵触，产生偏执行为。

青春期的偏执心理。青春期的学生处于心理快速发展、成熟的阶段，渴望生活独立、渴望张扬个性、渴望被别人关注，因此在这个过程中容易形成偏执的性格。学生的偏执心理主要体现在喜欢做别人没做过、做不到的事以展示个性。渴望挑战权威，比如违反班级或学校的规定，老师和家长对一件事越阻止，学生就会越想尽办法去做。在手机的使用上也是如此，一般学校会限制，甚至禁止学生使用手机，但是一些有偏执性格的学生，会以不断地违反学校规定为乐趣，面对这种学生，老师和家长越使用强硬的管理措施，学生反而会变本加厉。

成瘾性的行为。加上学生的自我控制能力较低,可能会让手机使用成为一种成瘾性的行为,也就是我们所说的"手机成瘾"。成瘾性的行为是指对某种物品或行为产生的超乎寻常的嗜好和习惯,个体会不可控制地反复渴求这种物品或行为,无法自控。学生对手机成瘾的生理原因在于手机的使用会刺激神经中枢而产生兴奋或愉快感,个体会对这种愉悦感上瘾。心理原因在于手机的使用可以让学生暂时逃避学业的压力,缓解学校生活带来的焦虑感,可以得到某种现实生活中得不到的成就感和愉悦感,因此这种结果强化了手机使用行为的产生,从外部表现上看就是一种成瘾现象。

心海导航

手机的不良使用是一种普遍存在的现象。其难以解决的原因在于:手机的确方便了我们的学习和生活,且一些必要的家庭沟通、社会生活都离不开手机。这种现实情况下,我们给出了一些如何减少手机使用的建议:

★ 自我控制能力训练。针对自我控制能力较弱的特点,一方面我们可以通过学习心理健康教育课程,了解自我的情况,明确自己的目标,从而产生想要改变的想法;另一个重要方面就是开展自我控制能力训练。结合学校教学中的真实情景,在专业老师的指导下,参加一系列丰富有趣的训练课程,提高自我控制能力。

★ 合理规避偏执心理。对于偏执心理,合理疏通比较有用。当产生这种行为时,我们可以反思内心的想法,比如为什么要做这样的事情?背后有什么诱发事件?只有不断地尝试了解自己的不合理信念,明白这种心理的不合理性,才有改变自己行为的可能性。

★ 成瘾心理的处理。手机成瘾产生的原因根据前面的分析主要是两方面,一是行为带来的奖赏、愉悦感;二是通过玩手机,逃避现实中的压力。针对第一点,我们可以先戒断行为和奖赏之间的联系,比如采用惩罚的方式,对自己玩手机的行为进行一定的惩戒,然后可以开展丰富的兴趣活动,让自我奖赏系统和新的行为产生链接。针对第二点,首先可以多跟老师进行沟通,分析焦虑的情绪来源,正确缓解压力;其次可通过运动、唱歌等间接发泄情绪的方式,缓解情绪上的困扰。

❷ 不知不觉成为"低头族",怎么办

心灵迷思

自从妈妈给小李买了一部手机,小李便离不开手机了。不仅在课后、宿舍熄灯后玩手机,他甚至在课堂上当着老师的面低头玩手机,完完全全成了一个"低头族"。

小李越发觉得手机的功能真是强大：聊天发信息、玩游戏、查找习题答案等，他的生活也越来越离不开手机。老师发现他整天低头的这一情况，多次对其进行劝导，然而收效甚微。虽然小李也想抬头好好学习，改变不由自主低头玩手机的习惯，但手机的诱惑对他来说还是巨大的，只要暂时离开手机一会儿，他就会觉得少了一样东西。父母对小李低头玩手机而忽视其他活动的表现非常担心，小李也觉得自己已经深陷手机无法自拔了。

心路探究

在这个信息技术快速发展的新世纪，手机、iPad、VR虚拟现实等新兴设备层出不穷，令人眼花缭乱。正处于对新鲜事物特别敏感阶段的学生，更容易被这些事物所吸引。因为沉迷手机所导致的学业成绩下降、上课不能集中精力等事件屡见不鲜。学生成为"低头族"的主要原因可以从以下几个方面进行解释：

中职学生对新鲜事物的敏感性和接受度高，因此面对新事物呈现出趋之若鹜的状态并不少见。手机的强大功能足以刺激中职学生对于新事物的敏感性，手机拥有这一特点对于青少年来说是把双刃剑。一方面，中职学生较快的接受能力能够令其更快地融入这个快速发展的社会，及时获取信息，满足其对于娱乐的需求；另一方面，这一阶段中职学生的心理还不够成熟，对一些游戏和手机功能常常抱着好奇心而去接触，结果往往一发不可收拾，沉溺于其中。最终导致其注意力受损、意志力减弱，在学业、人际交往等各方面的社会功能受到损害。

当然，并不是所有学生都会过度依赖手机。具有较高自我控制能力、意志品质的学生往往能够很好地利用手机这一工具，将其作为放松和查阅学习资料的手段。相反，对于自控力较差、意志力低的学生来说，对手机管理完全束手无策。意志是人自觉地确定目的，并根据目的调节支配自身的行动，克服困难，去实现预定目标的心理倾向。中职学生的意志力较差，很容易陷入有趣的手机游戏与聊天软件中，因此在实现目标的过程中，注意力就被手机吸引过去了。学生一旦玩手机成瘾，其意志力会减弱，还可能对生活失去兴趣，进而整个人变得懒散、消沉，严重者伴有暴力行为和抑郁倾向。

心海导航

★ 我们可以让父母、老师或同学在日常生活中监督自己，删除手机上的一些应用程序，并规定好玩手机的时长。比如，减少手机上的娱乐游戏软件，只剩下一两个软件，一天只能使用一至两小时。同时规定好奖惩措施，强化这些行为，将这些好习惯保持下去。

★ 培养注意品质，提升意志力。把在生活中会产生的行为全部列出来，保留正面且有利的行为，划掉其余不利的行为。之后，将这些行为由易到难进行排序，每周做四至五个行为，同时由同学或父母监督。只有形成良好的习惯，才能降低对意志力的损耗，一旦习惯养成后，一切就是顺其自然的事了。

★ 了解长期低头玩手机的危害，长期低头会导致驼背，颈椎骨质增生，头晕，视力下降，精神萎靡不振，有损整体形象，不利于交朋友。为了在社交中给他人留下一个受欢迎的形象，我们一定要注意养成劳逸结合、适时锻炼、抬头挺胸的好习惯，让自己行为端正，身体健康，心态阳光。

3 "网瘾"一犯再犯，怎么办

心灵迷思

小孙是一名职高二年级学生，是家中的独生子，父母平时工作非常繁忙，无暇照顾他。因此，小孙从初中就开始了学校寄宿生活，并喜欢上了网络游戏，一度沉迷于此。刚刚进入职业高中时，小孙下定决心要戒除网络游戏，起初他在学习上非常勤奋用功，但由于基础较差，他的学习成绩一直不见起色，久而久之他对学习的兴趣也开始下降。几经挣扎，他还是忍不住打游戏的欲望，开始翻墙逃课上网，一玩就是几个小时。由于经常偷偷跑出去通宵上网，小孙的上课状态更加恍惚了，注意力不集中，情绪也很不稳定，感觉记忆力大不如前。由于成绩越来越差，小孙感到焦虑，对前途很悲观。因为网瘾严重，他特别内疚，认为自己没什么用，不知道活着还有什么意思。

心路探究

"网瘾"主要是指在网络的重复使用过程中对网络产生的一种慢性的、周期性的迷恋状态，在此基础上无法正确抗拒网络，需要不断接触网络并不断在网络的使用中增强心理和生理上的快感，最终形成依赖网络的病症。在科学家和心理医生的共同努力下，网络成瘾的指导确诊主要来自以下三点：第一，对网络存在明显依赖性，长时间依赖网络，但是又想试图减少对网络的使用，一旦减少使用就会产生退缩症状。第二，网络成瘾者在网络的使用时间上无法自我控制，时间管理上容易出现问题。第三，网络成瘾者在人际交往等方面存在许多认知困难，不愿意承认自己的网络行为，并容易在网络的使用过程中改变情绪。

部分学生虽然对于自己因为沉迷网络而导致成绩下降懊恼不已，多次尝试戒除网瘾，却发现力不从心，究其原因大概有三个方面：

第一，从生理发展角度来看，个体的冲动抑制能力尚不成熟。学生自我控制能力相较于成年人表现较差，是由于未成年人大脑发育尚不成熟造成的。学生尚处于生长发育时期，大脑对于刺激的抑制能力较弱，因此在面对外界诱惑时往往无法"命令"身体克制冲动。此外，在婴儿阶段长时间受到电磁产品的影响，可能会导致大脑中冲动抑制的部分脑区发展受阻，从而导致学生进入青春期后无法有效地控制自己的行为。

第二，从个体心理规律来看，游戏更容易带来成就感。心理学家埃里克森将个体的发展分为八个阶段，每个阶段的个体都面对不同的问题。处于青春期的学生生理迅速成熟，因此迫切需要得到外界的认同。然而，有些学生在学校由于学业成绩不理想，无法得到老师与家长的肯定，因此就会将重心转向网络游戏。在网络游戏中，学生可以更加轻松地获得一些成就，获得在游戏中的地位与成就。因此，学生从内心不愿离开网络世界的美好，更不愿接受现实世界的残酷。

第三，"朋友同学都在玩，我走了他们怎么办"。处于青春期的学生，很容易受到身边同学朋友的影响。在社会心理学中有一个概念叫作同伴压力，所谓同伴压力是指来自某一共同属性群体带来的压力。很多学生向父母索要手机，可能并不仅仅因为我们迫切需要手机与其他人联系，而是因为班里大多数人已经拥有手机，如果我们没有，就会感觉无法融入群体。其实同伴压力无处不在，许多学生分明对游戏不感兴趣，但是为了在同学面前有面子，而陪他人一起通宵游戏。最后，自己却在游戏中逐渐上瘾。

心海导航

沉迷网络游戏不仅影响学业成绩，危害身体健康，还严重影响学生的心理健康，很多学生虽然对自己沉迷网络游戏"恨之入骨"，想要彻底戒断却又束手无策。冰冻三尺非一日之寒，想要戒掉网瘾也不是一朝一夕可以做到的，试试以下方法，或许可以逐渐减少对网络游戏的依赖。

★ 制定阶段性小目标。我们可以通过制定小目标，将使用电子产品、玩网络游戏限定在一个合理的时间内。对于网瘾严重的学生来说，可以根据自己的情况逐步减少每周的上网时间。

★ 寻找其他成就替代。我们在现实生活中得不到的成就感可以在网络世界中得到替代满足，而这种替代满足强化了我们进行网络游戏的行为。想要改变这种现状，就应当在现实世界中获得成就。在课堂上关注自己小的改变，及时奖励强化自己的正确行为。发掘特长，将注意力转移到其他的事情上。

★ 想象网瘾像什么东西，改变想象出来的东西。比如，当我们沉迷网络无法自拔时，我们可将网瘾想象成一个魔鬼，害怕它但又被它控制。如果敢于面对网瘾这个魔鬼，逐渐改变它的颜色、声音、形状，通过改变想象中的魔鬼，找回自己当主人的掌控感，网瘾就会慢慢变小直至消失。

4 沉迷小说无心学习，怎么办

心灵迷思

这一学期，小佳的学习成绩下降了很多，加上班级里逐渐流行起了看小说的风气，为了逃避学习上的压力，小佳开始沉迷于网络小说。因为中职学生平时的作业并不多，晚自习时，小佳便看起了《盗墓笔记》等网络小说。班级的同学有时也会一起传阅。为了买这些小说，小佳平时还会偷偷地省钱，将父母给自己的零用钱存一部分拿来买书。此外，她还加入了一个专门的QQ群，和网络中的好友进行在线交流，根本没有将心思放在学习中。也正因为如此，小佳上课无心学习，只要一有空就会拿起书或手机看小说。她的学习受到了很大的影响，成绩一落千丈。

心路探究

网络与生活中种类多样的小说满足了学生的好奇心，反映出青少年所向往的未知领域。不论是武侠、玄幻还是穿越等体裁都是学生从未接触过的领域。因此，我们极易沉迷于小说，导致我们整日浮想联翩，严重影响日常学习和生活。对于这一现象，可以从以下几个方面进行解释：

首先，学生的时间管理能力较差，没有较强的时间管理意识。时间管理是指我们通过事前的规划，同时运用一定的技巧、方法与工具所实现的对于时间的有效利用，从而达到我们的既定目标。优秀的时间管理者对于每天的日程计划与优先事项都了然于心，确保自己能够完成制定的计划，同时还能留出一定的时间来完成额外的事情。而不足者恰恰相反，他们缺乏对于事件与时间的规划。正如沉迷小说的学生，一旦沉浸在小说的情节中，便无法意识到时间的流逝，将大量的时间耗费在阅读小说中。

其次，学生沉迷小说的现象在某种程度上也是心理防御机制的体现。心理防御机制是由心理学家弗洛伊德提出的概念，它是指个体面临挫折或冲突的紧张情境时，在其内部心理活动中具有的自觉或不自觉地解脱烦恼、减轻不安，以恢复心理平衡与稳定的一种适应性倾向。弗洛伊德将人格分为"本我""自我"和"超我"，自我是现实化的本能，而本我是潜意识中的本能与冲动，心理防御机制就是自我对于本我的压抑。学生为了减轻学业上的压力和焦虑，采用逃避的心理防御机制，将内心焦虑压抑在潜意识中。表面上看起来已经将困扰的事情忘记了，但它仍然存在于现实生活中，因此逃避并不能解决问题。

马斯洛需要层次理论认为，人的需求从低到高依次分为：生理需要、安全需要、归属与爱的需要、尊重的需要和自我实现的需要。当个体的生理需要与安全需要均得到满足，便会追求更高层次的归属与爱的需要。看网络小说，让自己沉浸在小说中，可以感觉自己就是书中无所不能、经历丰富的主人公，这也是一种替代满足，替代满足也是精神分析心理学中的重要理论。它是指当欲望能量在最初对象上遇到阻碍时，就会向其他对象转移，直到找到一个替代对象以消除紧张、满足欲望为止。

心海导航

青少年沉迷小说的现象较为多见，适当阅读小说是青少年在空闲时间放松的较好方式，但过度沉浸在小说的世界中只会害了自己。这不仅会让青少年忽视学习、减少学习动力，严重的时候甚至会影响生活。因此，针对这一现状，有如下建议：

★ 做好时间管理。利用手机上的时间管理 App 软件，诸如"番茄钟"等软件管理自己的时间。将一天所需完成的任务分解成一个个子目标，在集中精力学习半小时后休息 5 分钟，以此类推，学习或工作 2 小时后，休息 15 分钟到半小时。只有在休息时间才能看小说，学习时间需认真完成任务，通过这一方法来改变自己沉迷小说的现状。

★ 寻找网络小说的替代物。网络小说的种类纷繁复杂，有些网络小说过分宣扬个人主义、暴力倾向等，我们可以通过寻找网络小说的替代物来改变现状。我们可以阅读一些有意义的名著，诸如，《鲁滨逊漂流记》《悲惨世界》等，每阅读一本名著就与身边的人分享自己的感受。

★ 多参加班级的各种活动。在活动中丰富自己的生活，体验各种互动感受。积极参加班级组织的有趣且富有意义的活动，以此增加与老师、同学间的关系，满足自己归属与爱的需求。例如，"国王与天使"游戏。打印一些小卡片，在注明国王的卡片上写上每个人的名字，然后放到抽签箱中，每个人都抽一张，抽卡的人为天使，卡上的名字便是要服务的国王。这样每个人既是天使，又是国王，天使要在接下来的一段时间默默为国王服务，而且不能让国王知道。

 变成"小官迷"，怎么办

心灵迷思

笑笑是一名职业高中的女生，她身材高挑，性格又好，办事能力又强。在进入职业高中后她很快就进入了学生会工作，并且半年后就成了学生会的主要干事，负责管

理督查部。但老师发现笑笑越来越不对劲了,她刚进职业高中时成绩还不错,可自从她进入学生会后成绩便开始下滑。平时和同学、老师的交流也少了,每天都在思考学生会管理上的事情。她上课的时候也心不在焉,有的时候老师在上面讲课,她就在下面处理学生会的事务,老师因为这个事情批评过她,但是她还是自行其是。同学也反映她和别人相处时总是带着"官威",为了在学生会继续晋升,她通过各种手段拉关系,真是变成了"小官迷"。

心路探究

学生为什么会有"官瘾",不择手段地想当"官",渴望对权力的掌控。学生对"官职"的兴趣大致可以从主观内在需要与客观外界环境两方面进行分析:

麦克利兰认为权力需要是人最主要的需要之一。高权力需求的个体有较强的控制影响他人的意愿,喜欢对别人"发号施令"。学生在当"官"的过程中,能够很好地满足自身的权力需要,可以满足对别人发号施令的需求。同时马斯洛需求层次理论认为,人人都希望自己有地位、有威信,能受到别人的尊重、信赖和高度评价。学生在日常生活中如果被老师、家长或同伴忽视,没有存在感,会促使学生进入学生会,加入学生管理工作。在学生会拥有权力可以让自己得到关注,获得认同感,增强自信心。学生会不自觉地把注意力放在对自己直接有利的方向上,会忽视学习及人际关系等其他方面。

班杜拉的观察学习理论认为个体通过观察他人的行为及其结果就能习得该行为。我们这个社会还存在比较浓厚的"官本位"思想,学生容易习得家庭或学校中存在的"官派"做法。学生在家庭和学校通过观察家长和老师的行为表现,认为"官职"等于"优秀",官职越大,代表越优秀,认为当官是一件很荣耀的事情,容易受到人们的赞赏与羡慕。学生在学习过程中就会受到潜移默化的影响,不自觉地摆"官威"去从事学生管理工作。

我们国家自古以来就有"学而优则仕"的传统,大家比较崇拜权力,这是许多人读书的动力,认为当领导可以获得别人的尊敬。学生不免也会受到影响,这是正常现象。如何看待权力,是每一个学生需要思考的一个课题。权力的实质是为人民服务的机会,一个人只有不断地提升自己的服务能力,影响力才会越来越大,自然就会拥有权力,领导力就是服务力,这是每一个学生都需要培养的能力。

心海导航

"不想当将军的士兵不是好士兵",学生想当"官"的想法并没有错,可是"如何当好官"确实是值得思考的问题。

★ 首先,充分肯定自己想当"官"的想法。竞选为班干部,不仅意味着拥有相应权力，而且要承担起管理班级相关事务的责任。这对学生将来更好地融入社会大有裨益，我们要勇于担任班干部。关键要知道，当班干部是拥有了为同学服务的更多机会，好好珍惜机会，不断增加服务意识，学习服务能力。

⭐ 其次，学会竞争与合作。现代社会讲究竞争意识，学生干部也是一种竞争，我们应该遵循教育的一致性和连贯性原则。我们要堂堂正正做人，光明正大地竞争，在竞争中看到自己的优缺点，从而在竞争中发展自己的思想观念。另外，当学生干部并不是孤军奋战，需要与他人合作，要善于发现别人的长处和优点。只有通过合作，才能更好地为集体服务，这样才能得到同学与老师的认可。

⭐ 再次，互换角色，相互理解。可以用小游戏的方式体验交换角色。例如交换学生干部与学生的角色，在一周之内体验模仿彼此的处事方式和态度，换位思考，正视自己在工作中的优缺点。体验"官威"，着重反思，加强学生干部和学生的联系，而不是彼此分离。从而促使我们能正视自己的定位，淡化权力意识，保持平常心与责任心，进而相互理解。

⭐ 最后，若想成为一名优秀的领导人，需要注重对自身领导力的有意培养。第一要有目标感，有明确的目标和前进的方向，否则就会像无头苍蝇一样茫然。第二应该关心其他同学、了解其他同学，关心能促使自己与他人的关系更加和谐，了解可以让自己更熟悉学生工作的进展。第三应当善于运用激励，无论是物质上还是口头上的表扬，都是非常有效的方式，能促使学生更加积极配合工作。第四要有决策者的眼光和魄力，同时还要有决策者的责任意识。

 **迷恋上网络女主播，怎么办**

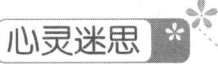

　　自从在班级男生的诱惑下，小杰开始接触并迷恋上了网络女主播。在直播中，小杰经常会花钱给女主播刷礼物。如果没有钱，小杰就会通过向其他同学借钱，从父母给的生活费中省下一部分钱，甚至以贷款的方式给女主播买礼物。通过这些方式，小杰成功地获取了多名女主播的联系方式，此后他经常和一位女主播以社交软件或通话的方式进行沟通，常常一聊就聊到凌晨一两点钟。他的身体状况也因此变差，白天没有精力学习，只想趴在桌上睡觉。最严重的是，小杰为了和女主播见面，他会尝试各种方式逃学，比如他曾经从学校的围墙翻出去，这令他受到了学校的处分。为了尽快赚钱给女主播买礼物，小杰还决定马上退学去打工赚钱，尽管父母反对，他还是一意孤行。

心路探究

网络主播行业迅速发展，秀场主播、游戏主播等各类主播层出不穷，类型多样，吸引着大众的眼球。但由于未成年学生自我管理能力薄弱，容易被新鲜事物所吸引，一旦沉迷于网络女主播便无法自拔。轻者会为了网络女主播充钱刷礼物，重者还会与女主播私下见面，影响日常生活。对于学生迷恋上网络女主播的现象，可以从以下几方面解释：

青春期的少年正处于性意识觉醒的时期，对异性充满好奇。心理学家弗洛伊德提出，性欲及其能量（力比多）是我们与生俱来的。在青春期这一阶段，我们不仅在生理上发生巨大的变化，第二性征日益明显。在心理上，我们也开始对异性发生兴趣，想要了解、接触异性，对异性充满了好奇。但由于薄弱的意志力，我们容易被外界的诱惑所吸引，这也被称作"青春期危机"。美丽、多才多艺的网络女主播很容易吸引处于性意识觉醒中的少年，为了更加接近这些女主播，不惜花费巨大的代价，最终导致荒废学业，虚度时光，浑浑噩噩。

男生群体间的相互炫耀也是导致这一现象产生的重要原因。正如雄孔雀开屏，就是为了向雌孔雀证明自己有足够的繁衍能力，男生群体间的炫耀是为了证明自己具有足够的异性吸引力和能力。网络女主播本距离我们的真实生活非常远，但为了向同伴证明自己是有异性吸引力的，我们会想尽一切手段吸引女主播的注意。通过不断地为女主播花钱，得到主播的联系方式，私下与其见面约会，以此作为同伴群体间炫耀的资本，让他人相信自己独具魅力，以便获得心理满足感。

近年来，网络直播行业发展势头非常迅猛，然而因为直播平台门槛低，逐渐涌现出一大批依靠低俗内容赚取流量、牟取利益的主播。网络直播过程中，部分主播以暴露的服饰、挑逗的行为，以及性暗示的方式吸引粉丝。受到性暗示的青少年收到女主播送礼物的要求，不断给女主播充钱刷礼物，并因此与女主播取得联系，这也在潜移默化中强化了青少年的行为。操作性条件反射是指在一定刺激情境中，如果个体某种反应的后果能满足其某种需要，则以后这种反应出现的概率就会提高。女主播收到礼物后的夸奖、鼓励等行为，也持续强化了学生的充钱行为。但是这些在直播平台频繁出现的不宜未成年人观看的内容，存在低俗、色情信息，影响了未成年人的价值观。

心海导航

在这个信息化技术迅速发展的时代，网络直播行业发展迅猛，对于学生而言也极具吸引力。若是具有正能量的网络主播，这种直播方式是发扬优秀文化的有效途径，但若是鱼龙混杂的网络主播，只会影响学生的价值观取向。因此，针对学生迷恋上网络女主播的现象，有如下建议：

★ 通过各种方法抑制自己的冲动。随着性意识的觉醒，学生容易采取不当的行为来满足自己的需求。这时我们可通过运动等方式抑制冲动，或者参加集体活动，约上朋友骑自行车、打篮球、跑步等。在现实中多与异性同学交往，适当的异性接触，可以有效缓解性压力。

★ 通过消退的方式消除不良行为。消退属于降低行为发生率的技术之一，是一种负强化的过程，其作用在于降低某种反应在将来发生的概率，以达到消除某种行为的目的。每当我们为主播充钱刷礼物的时候，给予自己一个惩罚，以此来减少甚至消除这种行为。

★ 通过自我认识九宫格的方法，认清在自己和他人眼中过去、现在及未来的自我。九宫格自上而下分别为他人眼中的自己、我眼中的自己、你眼中的我。从左到右分别为过去的我，现在的我，未来的我。从不同的角度分析自己，通过这种方法对自身进行剖析以便更加了解自己。对于迷恋网络女主播的学生而言，通过这种方法也有助于自身了解现在这种做法的利与弊，从而改变现状。

7 一心想当网络游戏主播，怎么办

小华虽然才16岁，但是他已经做游戏主播两年了。在上初中时他住校，家人给的生活费比较多，并且学校管理比较松，他一到晚上就到网吧开始他的直播。但是升入职业高中后，学校管理很严格，他的上网机会变得很少。为此他经常装病请假，或者晚自习的时候直接逃课。班主任也给他做过思想工作，但是小华觉得他不用学习，因为做主播他就可以养活自己。他认为在如今这种信息化时代，主播这个行业一定可以赚大钱。学知识不是必要的，只要能赚钱就可以了。

网络游戏主播，是现代社会一个非常热门的职业。越来越多的学生对此趋之若鹜，这对学生的学习产生非常大的影响，尤其是对中小学生的心理和行为产生了极大的影响。为什么有些学生一心想当网络游戏主播呢？

首先，根据斯金纳的强化理论进行分析。有些学生如果没能从学习中获得成就感，而在做网络游戏主播时产生了成就感，就会增加做游戏主播这个行为发生的概率，从而促使学生一心想做网络游戏主播。

其次，现代社会以金钱为导向的价值观使部分学生认为"学习无用"，低估了知识的价值。有很大一部分学生片面甚至错误地理解金钱，认为金钱是万能的，知识不重要，抵抗不了社会诱惑。"没有文化同样能挣大钱"的论调，使得学生认为读书的多少与所取得的回报不成正比，造成心理上的不平衡，所以唯利是图，将社会责任抛之脑后。

最后，学生日益增长的自我意识得到强化。学生有明确的自我观念，独立意识，观察、分析、解决问题的能力有了较高程度的发展。学生喜欢用自己的眼光去看社会并做出解释，不愿受他人的干涉，自我意识在不断增强。在思想认识上，竞争意识比较强烈；在行为方式上，好高骛远、贪图虚荣、自制力差、意志薄弱、不明辨是非、容易盲从、无主见，看见别人做游戏主播赚钱，目光局限在眼前，从而跟风随大流，一心只想尽快做网络主播。

心海导航

学生最主要的任务就是学习，如果因为其他事情而耽误学习，那是不正确的。我们并不是不赞成学生做游戏主播，而是希望能够适度。当今教育大力支持学生在自己的兴趣爱好上发展职业，如果学生能在喜欢的基础上选择从事游戏主播职业，那就应该支持学生制定职业生涯规划，并按规划执行、扎实前进。那么，应当如何进行职业生涯规划呢？

⭐ 首先，要认识自己，明确自身的优势。例如，分析"我做过什么""我在哪些方面比较擅长""我最成功的是什么"。发现自己的不足，正视自身性格的弱点。我们无法避免与生俱来的弱点，必须正视，并尽量减少其对自己的影响。例如，一个独立性强的人会很难与他人默契合作，而一个优柔寡断的人，绝对难当组织管理者的重任。人性的弱点并不可怕，关键要有正确的认识，认真对待，尽量寻找弥补、克服的方法，使自我趋于完善。

⭐ 其次，要认识到职业特性。学习职业生涯规划课，采用心理测试等方法了解自己的人格特征，特别是性格方面的特征。学习职业相关类型及特性，可以针对自己的性格匹配适合的职业类型，从而更加清晰地认识职业，以及从事该职业所需要的相关技能。例如，技能型职业普遍的共同特点是愿意使用工具从事操作性工作，做事手脚灵活，动作协调，不善言辞，做事保守，较为谦虚，缺乏社交能力，通常喜欢独立做事。性格特点通常表现为感觉迟钝、不讲究、谦逊、踏实稳重、诚实可靠。

⭐ 最后，进行长期的职业规划。长期规划一般为5～10年的规划，主要设定较长远的目标。如规划20岁时成为一家游戏中型公司的部门经理等。制订长期规划时要根据个人的专业、性格、气质和价值观以及社会的发展趋势，确定自己的人生目标和长期目标，然后再把人生目标和长期目标进行分化，根据个人的经历和所处的组织环境制定相应的中期目标和短期目标。有一个大方向会让我们在未来从事工作时少走弯路，保持初心，不至于没有完成学业就出来工作，避重就轻，只顾眼前利益，不顾长远发展。

8 喜欢上吸烟，怎么办

心灵迷思

新学期开始没多久，职高一年级的班主任 A 就很发愁。因为最近老师们都说新生小钟的身上一直有一股浓浓的烟味，这让老师们都很担心小钟。同学们也经常反映这个问题，他们都表示反感小钟吸烟，认为二手烟影响自己的健康。班主任了解到小钟初中的时候被同学怂恿，开始尝试吸烟，但是没想到一次尝试后就一发不可收拾，短短半年就发展到一周吸一到两包烟的程度。来到职业高中后学校管理变得严格，但是小钟的烟瘾依旧很大，他把香烟塞在校服内，课间的时候就会去厕所"吞云吐雾"一番。小钟向班主任表示，他也知道现在的老师和同学很反感他吸烟，但是他觉得吸烟是男人的象征，并且吸烟这么多年了，也没人管过他，他自己也不知道该怎么戒掉。

心路探究

中职学生吸烟问题已成为一个普遍、棘手的社会问题。而且吸烟对人体产生的危害是不可估量的。那到底是什么原因导致学生喜欢上吸烟呢？

首先，环境感知系统与中职学生吸烟倾向密切相关。父母吸烟、父母允许吸烟行为和同伴吸烟在很大程度上会影响中职学生吸烟的倾向。当感知周围环境处于可吸烟的氛围中，学生会受环境潜移默化的影响，特别是容易受到同伴群体的影响，产生一种"我不吸烟就是不合群"的歪曲心理。中职学生学习成绩一般不理想，父母对孩子的管控较弱，社会上部分人对其存在偏见，导致中职学生压力大、自卑、焦虑。同时中职学生比普高学生更早进入社会，更早接触"吸烟社交"的不良社会环境，所以更会促使其喜欢上吸烟。

其次，中职学生处于价值观塑造的关键时期。家庭教育和学校教育的缺失会导致中职学生对吸烟行为的危害没有形成正确的认识。香烟中的尼古丁能够给人带来愉悦、刺激性体验，能够满足中职学生寻求快感的需要。同时，媒体上烟草的植入广告、吸烟的镜头等都极易造成中职学生对于吸烟行为的盲目好奇与错误认知。

最后，中职学生生理日渐成熟，心理还在发育，吸烟可以满足其日益增强的成人感。此阶段容易产生冲动性行为，较难克制不良行为。与普通中学的学生相比，中职学生更早进入社会，对适应社会的渴望会使其去模仿一些成年人的行为。如果在不正确的引导下，"吸烟"可能会被加上"成熟的象征""长大的标志""社交的必需"等标签，学生就更有可能成为吸烟群体的一员。

心海导航

由于学生正处于身体的生长和发育阶段，内部器官还未发育成熟，吸烟容易让身体发生器质性病变。同时吸烟还损害大脑，导致头疼、失眠、注意力不集中、记忆力衰退等症状，应如何减少吸烟行为呢？

★ 利用"武器效应"减少吸烟线索在环境中出现，可降低吸烟频率。如减少打火机、烟头等出现的频率，主动创造无烟环境。好友吸烟也是学生吸烟的重要影响因素，同伴效应也不可忽视，同伴群体对学生吸烟行为的转变有着显著影响，所以可采用同伴教育的方法开展自我控烟。主动交往不吸烟的朋友，给自己创造无烟环境。

★ 主动了解吸烟的危害。吸烟的害处很多，它不但吞噬吸烟者的健康和生命，还会污染空气，危害他人。首先是对肺部造成危害，香烟燃烧会释放38种有毒的化学物质，包括焦油、一氧化碳、尼古丁等，使支气管发生慢性病，导致气管炎、肺气肿、肺癌等。其次是会对心血管造成疾病，吸烟会使冠状动脉血管收缩，造成心肌梗死，引起心跳加快，心脏负荷加重，影响血液循环而导致心脑血管疾病。另外吸烟还会致癌，会导致肺癌、胃癌、口腔癌、鼻窦癌等。吸烟甚至会使男性丧失性功能和生育功能。并且，吸烟对智力还有危害，实验证明吸烟会严重影响人的智力、记忆力，从而降低工作和学习的效率。通过学习相关知识，消除对吸烟的好奇感，改变不合理认知，以降低吸烟的动力。

★ 寻求帮助和监督。应该寻求老师进行因人而异的教育干预。通过学习心理健康知识，掌握合理控制冲动的技巧，通过健康行为（如运动、旅游等）满足感觉刺激的需要，减少吸烟行为。当自己的戒烟计划已经不能独立完成的时候，可以求助相关的机构，医院有专门的戒烟门诊。

★ 通过运动降低依赖。我们可以多做运动，经常运动可以降低对尼古丁的欲望和依赖，增强自我控制能力，保持心情愉悦。此外还可以将自己的生活安排紧凑，让自己忙碌起来，转移注意力。

变成了"特困生"，怎么办

心灵迷思

小利自从进入高中之后，就被同学们冠以"睡神"的称号，原因就是他在学校常常一睡就是一天，几乎每节课都在睡觉。一开始他在课上睡觉，上课老师还会让别的同学提醒他，但是没过一会儿，他又开始趴在桌上进入梦乡，慢慢地也就没有老师再管他了。小利的成绩一直是班级倒数，老师和家长都很着急，但是小利却不以为然，依旧一睡就是一天，好像老师讲课就是他的"催眠剂"一样。往往老师刚刚进门，还没说两句话，他就开始睡觉了。小利的家长反映他在家也没有每天熬夜到很晚，他也不迷恋玩电脑、玩手机之类的，但小利自己说，他就是忍不住在课上睡觉。

心路探究

上课犯困是一种常见的现象，我们学生时代或多或少都会遇到过这种情况。长时间坐在空气不流通的教室里听课，而学生又对课堂讲授的内容不感兴趣，那么就容易出现打瞌睡的情况，这都是正常现象。但是如果学生长时间地在课上睡觉，而且经常无精打采，对学生的学习和生活会造成严重的影响，这就要考虑这些学生是否在某一方面出了什么问题。像小利同学这样，几乎每节课都睡觉，而且不以为然，就需要老师和家长进行及时的干预，为小利同学提供及时的帮助，激起他对学习的兴趣。

上课犯困、注意力不集中的原因是多方面的。首先，从生理方面来说，学生的身体是学习的基础，拥有一个健康的身体才有可能在学习中坚持下去。学生变成"特困生"，可能是长期营养不足所导致的，能量摄入较低容易导致困乏嗜睡。营养不良不仅仅是指学生吃得不够多，还包括吃得不对。饮食习惯不良，如饮食不定时、偏食、缺乏微量元素等都有可能导致营养不良，所以学生不仅要吃得够，还要吃得对、吃得好。

其次，从教育心理学的角度来分析，部分学生经常在课堂上睡觉，是由于缺乏学习的动机，失去了学习的兴趣。学习动机是指引发与维持学生的学习行为，并使之指向一定学业目标的一种动力倾向。学生对学习的兴趣就是一种很好的学习动机。学习兴趣是一个人倾向于认识、研究、获得某种知识的心理特征，是可以推动人们求知的一种内在力量。对某一学科有兴趣的学生，就会持续地专心致志地钻研它，从而产生良好的学习效果。有时，不当的教学方法也会使学生无法集中注意力，甚至失去学习兴趣，导致学生上课容易犯困。

心海导航

想要改善经常在课堂上睡觉的现象，可以采取下列几种措施：

★ 如果经常感到身体不适，就要对自己的身体健康和营养状况进行检查，看看是否存在营养不良的情况，可以去医院做一个体检，排除器质性病变。有需要的学生可以主动进行必要的营养补充，每天争取摄入 26 种以上的健康食品，保证营养丰富，健康成长。另外，每天按时就寝，保证足够的睡眠最为重要。

★ 激发学习动机，引起学习兴趣。学习动机是学习的动力因素，是与学习相关的某种需要所引起的有意识的行为倾向。在学习过程中，如果能正确了解、培养、激发学习动机，充分发挥自身的潜在能力，一定会在学习成绩和学习能力上有一个非常大的飞跃。兴趣是学习的第一老师，把课堂内容与自己的兴趣爱好联系起来，这样更能激发起自身的学习动机。

★ 树立对学习的信心。美国心理学家斯金纳提出了一种操作条件反射理论，认为人或动物为了达到某种目的，会采取一定的行为作用于环境。当这种行为的后果对自身有利时，这种行为就会在以后重复出现；不利时，这种行为就会减弱或消失。我们可以用这种正强化或负强化的办法来影响行为的后果，从而修正自身的行为。适当的自我表扬作为一种正强化的手段，能够有效强化学习行为，逐渐建立对学习的信心。

⑩ 看恐怖片影响生活，怎么办

心灵迷思

新学期始，小娟的班上开始流行起看恐怖片、讲鬼故事的风潮。某天晚上，小娟的室友拉着她，聚在一起看了一部恐怖片《笔仙》。到了晚上睡觉的时间，大家都进入了梦乡，而小娟却睡不着了，只要她一闭上眼睛，脑海中浮现的都是恐怖片中恶鬼的形象。小娟一定要叫醒室友，拉着室友一起睡觉，才能勉强度过漫长的夜晚。接连几天，都是如此。而到了白天，因为睡眠不充足，小娟很难将精力投入到学习中。加上班级中流传的鬼故事的影响，现在小娟即使在白天也会出现一些幻觉，认为自己身边总是存在鬼怪。

心路探究

恐怖片会引起恐惧、焦虑等负性情绪，这些情绪往往会带给人不良体验。但是很多人痴迷于恐怖片，特别是学生群体。中职学生尤其喜欢聚在一起观看恐怖片，虽然害怕其中的恐怖情节，但仍无法自拔。造成这一现象的原因有很多种，主要可从以下几方面进行分析：

首先，恐怖的情境会刺激大脑，达到兴奋的目的。我们的大脑不甘于平淡无奇，接受刺激是一种本能的需要。但是恐怖片中的恐怖画面很多都具有一定的象征意义，极易影响心理较为脆弱的学生。恐怖电影的制作包括声音、画面、特效等，对于心理承受能力差的学生而言，容易在不知不觉中受到影响，尤其是性格敏感多疑、易受暗示的学生。在日常的社会交往中，人们都存在理解和控制环境的需要。恐怖片中令人感到恐惧、害怕的因素，会逐渐使我们产生一种对环境的不可控感，即环境中存在太多不可控的因素，具有威胁和不确定性。由此，我们会产生焦虑的情绪和不适感，最终导致我们的日常生活受到影响，甚至出现幻觉。

其次，部分学生之所以在日常生活中也会出现幻觉是因为刺激的泛化。行为主义认为，人的行为之所以会发生是遵循刺激-反应原理的，就是因为外在的刺激物引起了这些反应。心理学上的泛化是指某种反应在和某种刺激形成联系后，个体对于相类似的其他刺激，也会出现相同的反应。在更为严重的情况下，个体在刺激不相同的情况，也会出现某种特定的反应，即完全泛化。恐怖片中的一些可怕场景就是一个刺激，每当学生看到相似的场景就会出现幻觉，产生害怕的情绪，这就是一个泛化的过程。例如，学生在看到恐怖片中出现的长发女鬼便会产生恐惧的情绪，产生焦虑，这也导致学生在日常生活中看到女生的长发会表现出焦虑的情绪。

在情绪心理学中，恐惧本身就是自我对于危险的一种反应。当个体感受到危险的迫近或者意识到邪恶的存在时，会产生一种痛苦与不安的情绪反应，这就是恐惧。它可能来自现实中的危险或个体想象的危险。学生在观看恐怖片后出现的幻觉，其实就是自己所想象的危险，这种危险本身并不存在。此外，恐惧的相关研究表明，个体之所以会产生恐惧可能与生理因素有关。在我们身上存在引起恐惧的基因，这种基因控制着大脑中与恐惧反应有关区域的蛋白质分泌。

心海导航

偶尔看一部恐怖片对于学生而言可能就是紧张学习中的压力释放，但是经常观看或是影响了日常生活，便是有害的。针对学生观看恐怖片而影响生活的问题，有以下几点建议：

⭐ 对于情绪波动较大的学生，首先要做的便是平复情绪。掌握一些基本的放松方法，诸如腹式呼吸、想象放松法等缓解焦虑情绪。腹式呼吸是最简单的一种放松方法，具体操作如下：① 呼吸要深长而缓慢；② 用鼻吸气，用口呼气；③ 一呼一吸掌握在 20 秒钟左右。即深吸气（鼓起肚子）5 秒钟，屏息 5 秒钟，然后慢呼气（回缩肚子）5 秒钟，屏息 5 秒钟；④ 每次 5～15 分钟，做 10 分钟最好。容易受恐怖画面影响的人，最好能主动避免接触恐怖的东西，从源头上减少不良信息进入大脑。

⭐ 向心理老师寻求帮助，寻求专业的心理咨询。意象对话技术可以通过诱导来访者进行想象，了解来访者的潜意识心理冲突，对其潜意识的意象进行修改，从而达到治疗效果。寻求心理老师的帮助，可以一层层揭开自己所害怕的鬼神的原貌，了解害怕的根源。

⭐ 此外还可使用系统脱敏的方法帮助自己消除对恐怖片的恐惧。系统脱敏是通过诱导自身缓慢暴露导出导致恐惧的情境，通过心理的放松状态来对抗这种焦虑情绪，从而达到消除焦虑或恐惧的目的。

 控制不住自己咬手指甲，怎么办

心灵迷思

小雨是职高三年级的学生，在班上成绩优异，但是小雨有一个坏习惯令父母特别担心。在学习或思考问题的时候，小雨喜欢咬自己的手指甲。每每感到焦虑或压力大的时候，小雨就会不自觉地啃自己的指甲，严重的时候会将自己的手指啃出血来，甚至出现感染的症状。即使这样，小雨还是无法停止咬手指甲的习惯。小雨的班主任还发现，班上还有好几位同学有着相同的症状。而他们都有一个共同的特点就是成绩优异，他们对于学习成绩看得特别重，感觉到来自父母的压力特别大。

心路探究

咬指甲的行为在中小学生群体中很常见，很多学生会在焦虑、紧张的时候通过咬指甲来缓解焦虑。虽然大多数人咬指甲的行为会随着年龄的增长而消失，但少部分人会持续到成人，有些严重者会因为反复啃咬指甲导致指甲变形或诱发甲沟炎。针对学生咬指甲的强迫行为，有以下几点可以解释：

首先，咬指甲是一种转移焦虑的方式。受到学业压力、班上优秀同学间的相互比较、父母和老师的高期待等影响，学生尝试用各种渠道来释放压力。通过咬指甲能够暂时转移当时的注意力，将学习上的焦虑分散到啃咬的动作上，得到暂时的放松。心理学上认为啃咬指甲，有时会反映出一种心理情绪，往往与情绪紧张、抑郁、沮丧、自卑感、敌对感等情绪有关。同时还有研究表明，具有内向、敏感、焦虑等性格特点的未成年人更容易出现咬指甲的行为。

其次，心理学家弗洛伊德将人格的发展分为五个阶段，其中口唇期是在婴儿出生到一岁半左右。他认为，口唇期是个体性心理发展的最初阶段，婴儿通过吮吸、咀嚼、吞咽、咬等口腔活动，获得满足与快感。若这一时期没有得到满足或受到限制，那么会导致孩子在长大后出现退化现象，咬指甲便是一种退化行为。此外，父母在孩子小时候的不断提醒也会强化这种咬指甲的行为。例如，孩子每次在焦虑时咬指甲便受到父母的强烈责备与阻止，慢慢地这种行为就得到了强化，甚至在成人之后愈演愈烈，导致咬指甲的行为成为孩子释放情绪的途径。

最后，同伴群体的影响也是导致学生咬指甲行为出现的重要原因。部分学生并没有

经常咬指甲的习惯,但因为看到其他同学的这种行为便开始学习模仿他人的行为,这也就是心理学上的观察学习。观察学习是由心理学家班杜拉提出的概念,即人们仅仅通过观察他人(榜样)的行为及其结果就能学会某种复杂行为。同伴群体的影响可以说是巨大的,学生仅仅通过观察同伴的咬指甲行为便会习得这种行为,并一直保持下去。

心海导航

咬指甲的习惯不但会让指甲变得短粗、不美观,严重的还会流血,对指甲造成永久性的伤害。因此,这个习惯需要得到改正,对于这种咬指甲的强迫行为,我们有以下几点建议:

⭐ 了解不断咬指甲的危害。咬指甲可能会诱发肠胃病,因为指甲中有很多脏东西,会引起各种消化道疾病;引发甲沟炎,口腔中的细菌和指甲缝中的病原体共同导致这一疾病的感染概率增加。因为了解危害,从而增加改变的动力。

⭐ 采用厌恶疗法。使用透明指甲油,我们可以在自己的指甲上涂上透明指甲油。这样指甲尝起来会让人觉得恶心,久而久之会对身体造成危害,以此方法改变我们咬手指的现状。此外还可尝试一些防止咬甲液,当我们咬指甲时便会尝到令人厌恶的苦味,不想再去咬指甲。通过这种方式形成条件反射,一看到指甲便觉得苦,不再想咬指甲了。

⭐ 学习放松技巧,每天安排十分钟做冥想练习。坐在椅子上,双脚平放在地上,背挺直,双手放在膝盖上,闭上眼睛,注意呼吸。吸气时在脑海中默念"吸",呼气时在脑海中默念"呼"。当发现自己有点走神的时候,重新将注意力集中到呼吸上。这种反复的呼吸训练,能让前额皮质的左侧更有活性,让大脑中处理压力和冲动的区域更加稳定。

12 一心想成为"古惑仔",怎么办

心灵迷思

小华是一名职高一年级学生,一天晚上宿管阿姨给班主任打电话说:"小华晚上十点了还没有回到寝室。"直到第二天天亮,小华才回到学校。班主任找到小华问事情经过,发现他又去了学校外面的娱乐场所玩了一整晚。班主任并不觉得奇怪,因为小华经常通宵在外玩耍,无论班主任如何教育都没有效果。由于经常出入娱乐场所,小华现在的生活开支完全超出了预想,常常找同学借钱。刚开始同学们还会借钱给他,但是随着钱越欠越多,小华无力偿还便开始拖欠欠款。班上的同学察觉到这一现象后

都不再愿意借钱给他。小华没钱出入娱乐场所，于是就开始殴打同学收保护费，成了一名"古惑仔"。小华成了同学们反感的人，同学们开始不愿意靠近他。

心路探究

近年来，网络上"古惑仔大战"屡见不鲜，出现很多见诸报端的学生暴力事件。为什么有些学生会一心想成为"古惑仔"呢？为什么青春里浸染了如此多的冲动、暴力与残酷呢？

首先，青春期的冲动加上个人的气质特点，使得有些学生躁狂易怒。青春期本就是疾风骤雨的时期，学生容易情绪冲动。此外，气质类型在一定程度上也会影响我们的行为和认知。气质是个人与生俱来的心理活动的典型而稳定的动力特征，是人格的先天基础。气质可以分为四种类型，胆汁质、多血质、黏液质、抑郁质。其中胆汁质类型的个体感受性弱，反应性和主动性强，兴奋比抑制更有力量；情绪亢奋度高、外向、易激怒、暴躁。这种气质类型为"古惑仔"的诞生奠定了生理基础。

其次，学生容易模仿影视作品和同伴群体中的攻击性行为。美国心理学家阿尔波特·班杜拉于1961年进行了一个关于攻击性暴力行为研究的重要实验，即"波波玩偶实验"。该实验发现孩子可以通过观看暴力电影而学会攻击性行为，这就是班杜拉所强调的观察学习。在没有人直接教授的情况下，孩子仅仅是通过观察就能习得环境中的行为。这说明个体是天生的学习者，而环境是直接的学习场所。暴力行为的获取大多源于社会环境。

最后，家庭环境会对个体发展产生原发性影响。家庭教育是未成年人成长的基础。家庭教育并不都是按照社会要求的行为规范进行的，每个家庭的情况不同，家庭教育的内容和方法千差万别。父母的一言一行对孩子会产生极大的影响，如果父母行为失当或者品行不端，就会影响孩子的健康成长。

心海导航

如果成了"古惑仔"，我们又该如何改邪归正呢？

⭐ 作为"古惑仔"，首先要做的就是意识到这些行为给他人带来的伤害，以及诱发的自身人际困惑。真正的朋友，一定是可以交心的，用暴力征服的不会是真朋友。交友首先要有共情能力，知道对方的感受。我们可以通过参与舞台剧、话剧来重现暴力行为，换位思考，感受被暴力者的心情，以获得切身体验，培养自己的共情能力。

⭐ 意识到环境对我们的影响，主动减少与暴力线索接触的频率，就算接触后也应该时刻提醒自己"我有能力克制自己"。当克制住自己的不良行为后，我们会获得一丝自豪感。学习自我控制，每天做一点静坐练习，世界上最伟大的人就是能自我控制的人。

⭐ 学习法律知识，知道违法要付出的代价，为了过上更自由的生活，我们需要遵规守纪，做合情合理合法的事情。多去了解失去自由者的生活，给自己警示教育。

★ 对于胆汁质的学生，应侧重于自制能力和情感平衡性训练。这样既能保持行为主动、热情和敢于创造的精神，又能克服急躁、粗暴、易激怒的弱点，通过培养理智提升自我控制力与觉察能力。

13 行为乖张，怎么办

心灵迷思

小池是一名职高一年级的学生，是家中的独生子，母亲自小非常宠爱孩子，但只重视孩子的学业成绩；父亲平时工作非常繁忙，对小池在人情世故、行为规范方面疏于管教。小池成绩较好，但花钱大手大脚，爱表现自己，生活自理能力较差，不讲情理，自以为是。刚刚进入职业高中时，小池同学表现积极，想方设法进入学生会，起初他工作非常认真，但一段时间后，因讲话随意、性格张扬，不受同学欢迎，遭到孤立。于是他在校外交友，结识了一些社会不良青年，学习成绩也开始下降，注意力不集中，情绪不稳定，经常会发表一些不恰当的言论。退出学生会后，行为上更加乖张，屡屡出现违纪行为。

心路探究

在日常生活中，许多学生都会出现这种乖张的行为，乖张意指性格怪僻，不讲情理，自傲偏执，这种行为的出现原因是多方面的。

首先，可以从家庭环境的方面寻找原因。父母的教养方式对孩子的个性和社会性发展起到关键作用。父母教养方式是指以亲子关系为中心，父母对子女进行教育和关怀所体现的对待子女稳定的行为倾向和行为模式。一般包括两个维度：其一是父母对待孩子的情感态度，即接受－拒绝维度；其二是父母对孩子有要求和控制程度，即控制－容许维度。两个维度的不同组合，构成了四种不同的教养方式：权威型、专断型、放纵型和忽视型。而孩子出现乖张行为，很大一部分原因是父母采取放纵型的教养方式。放纵型的父母教养方式养育出来的孩子往往独立性较差、以自我为中心、不关心他人。采取这种教养方式的父母往往会满足孩子的一切需求且不会约束孩子的行为，任其索取。这样，就容易使孩子渐渐变得自傲乖张，容易被同学孤立。

其次，马斯洛需求层次理论将人类需求按层次分为五种：生理需求、安全需求、归属与爱的需求、尊重需求和自我实现需求。其中，生理需求、安全需求被称为缺失性需求，即关系到个体生存的需求；而归属与爱的需求、尊重需求、自我实现需求被称为成长性需求，它虽不是我们生存所必需的，但对于我们适应社会来说却有很重要的积极意义。马斯洛的需求层次理论认为，个体在获得了生理需求、安全需求之后会有归属与爱的需求以及尊重的需求。归属与爱的需求包括获得亲情、友情和爱情，尊重需求既包括自尊需求还包括被他人尊重的需求。遭到同学们的孤立之后，为了满足自己的归属与爱的需求以及尊重需求，便以一种不适当的方式来表现自己，逐渐地，行为也变得乖张了。

最后，青少年时期个体的倾诉对象发生了变化，由向老师、家长倾诉转向同伴。我们往往认为老师、家长都是不理解自己的，转而寻求能接纳自己的同伴组织。作为群体中的一员，迫于同伴压力和从众的影响，个体会与群体成员的言行保持一致。因而，学生所选择的同伴群体是影响自身个性和社会性发展的重要社会环境。如果加入了不良的同伴群体，就容易受到周围同伴的影响，由于同伴压力而出现不良行为。就像小池那样，由于没能跟老师、家长好好地沟通，而为了满足自己的归属与爱的需求，结识一些不良的社会青年，导致自己也渐渐出现不良的违纪行为，甚至可能走向犯罪的深渊。

心海导航

我们给出几条关于改善学生不良行为的措施建议：

★ 从马斯洛需求理论的角度来看，在某种程度上产生不良行为可能是因为一些较低层次需要（如爱和自尊）未得到充分满足，这或许正是学生产生问题行为的主要原因。我们应该通过自身的努力先满足较低层次需要，如尊重需求和归属与爱的需求。为了满足归属与爱的需求，可以通过参加班级的集体活动，例如，一些体育竞赛活动或文化展示活动，促进自身与同学间的互动，增强班级的凝聚力，获得同学的接纳、尊重、信任，从而满足需求。

★ 我们自己要学会合理归因。美国心理学家韦纳是归因理论的集大成者，他认为不同的归因方式对随后的情感和行为会产生不同的后果。他认为，归因分为三个维度：内外因、稳定性、可控性。内外因是指影响成败的因素是内部的，还是外部的。稳定性是指影响成败的因素是稳定的，还是偶然出现的。可控性是指影响成败的因素是个体能力控制范围之内的，还是之外的。积极的归因风格倾向于将积极事件的原因归为内部的、稳定的、全局的，而将消极事件的原因归为外部的、暂时的以及个体自身的。因此，对自己的行为进行合理归因就很有必要。我们可以使用观察学习法，通过观察学习榜样的归因方式，使自己学会正确的归因方式。

★ 用照镜子的方法，看看自己的现状。我对自己满意吗？我需要怎么改变？

14 经常违反规章制度，怎么办

心灵迷思

小周总是喜欢违反学校的规章制度。比如，学校规定学生在宿舍熄灯后要及时就寝，不能聊天。可他偏偏喜欢违反规定，在熄灯后喜欢跟宿舍同学说话，没人理他的时候，他就玩手机，或者打手电筒看小说，室友经常被他影响得睡不好觉。再比如学校规定学生在学校内必须穿校服，他就喜欢在校服里面穿一件有个性的衣服，再把校服拉链拉开，露出里面的衣服。因为违反学校规定，他常常被老师和学生会纪检部干部批评，班级也因为他扣了不少考核分，但是小周还是屡教不改。

心路探究

某件事情越是被禁止，越是不让做，就越想做。当没有说明禁止的原因，而只是简单的禁止时，学生对被禁止的事件就会充满更强烈的好奇心和逆反心理。这种现象在心理学上被称为"禁果效应"。产生禁果效应的主要原因可以从以下几个方面进行解释：

独立意识强是造成学生经常违反规章制度的重要原因。进入青春期后，学生的大脑以及身体各器官的发育逐渐成熟。身体器官的成熟使得学生人格上的独立性也得到很大的发展，从而产生强烈的成人感和独立感。学生急需摆脱父母和老师的控制，在生活上开始要求享有与成年人一样的独立和自由，不愿再受到限制和约束。这就导致学生在生活中一旦感到不舒服、被束缚，就会勇于挑战权威，尤其是挑战家长和老师的权威。典型表现就是，在学校管理中，学生总觉得学校的规章制度束缚了自己，所以就会去挑战学校权威，违反学校管理的规章制度。

为了引起别人的关注，也可能会导致学生经常违反规章制度。婴儿需要成人的爱抚和拥抱，当这种需要得不到满足时，就会哭泣或者故意搞破坏，如把一些东西打碎，来引起成人的关注。青少年时期的学生和婴幼儿相似，在日常生活中也需要他人的关注，想要得到同学的认可、老师的青睐和父母的鼓励，不能够忍受他人的冷落。于是，当这些需要得不到满足时，就会像小时候一样，以"搞破坏"等奇怪的举动来引起大家的关注。因此，有些学生在日常生活中极具表现欲，做事喜欢独树一帜、标新立异，这心理也导致学生在学校中经常喜欢违反规章制度。

网络媒体的不恰当宣传也会对学生违反学校的规章制度起到推波助澜的作用。随着社会信息化、多元化的发展，网络媒体给人们带来了诸多的便利，它丰富了教学方式、扩大了教学对象、扩展了教学空间。但是网络媒体在给人们带来便利的同时，也产生了不少负面影响。比如，部分影视作品极力美化叛逆者的个人行为，夸大叛逆者的能力。然而，中职学生由于认知能力及社会经验不足，往往不能对这些信息进行有效甄别，许多学生甚至十分欣赏电视、电影和动漫中描写的"叛逆英雄"，有意无意地模仿，导致其在生活中表现得更为叛逆，甚至将违反学校的规章制度当作是一种引以为傲的事件。

心海导航

大部分学生具有较强的"向师性"，愿意听从老师的教诲，遵守学校的制度。如果不负责任地挑战公德，违反学校的规章制度，会对学生人生观、价值观的形成带来不利的影响。针对学生经常违反学校的规章制度，有以下建议：

★ 如果违纪，主动接受惩罚。一时冲动，做出违纪行为，可以理解。但是，当违反规章制度后，我们要主动接受惩罚，意识到这么做是不正确的，并且耐心地接受老师和家长指出的错误，做出正确的行为。

★ 深刻反思，寻求帮助。当违反规章制度时，我们要反思自己违反的缘由，是因为自控力太欠缺还是目无纪律，要主动寻求老师的帮助，体会老师对自己的关爱，给予自身一定的压力，克制不良行为的发生。

★ 提升自我价值感，用合理的方式满足自己想要获得他人关注的心理。实现自我价值，最好的办法就是去帮助别人，参加志愿活动。通过参加校内外社会实践活动，比如去敬老院、特殊学校、科技馆等志愿者基地做志愿者，或者做一些发明创造，在实践活动中感受个人内在品质的重要性，从而体现自己真正的价值所在，而不是通过违反规章制度等不恰当的方式获得他人的关注，体现自我价值。

 逆反心理严重，怎么办

心灵迷思

小宋是一名高二的学生，比较聪明，成绩中等，自尊心强，有时又很自卑，做事非常情绪化，喜欢跟老师、父母对着干，认为父母和老师都不理解自己，觉得大人们都很虚伪，喜欢把他们的想法全部施加在自己身上。所以他故意不按照大人们喜欢的方式或要求的方式去做，大人们让他往左走，他偏要往右走。大人们让做的事，他要么不做，要么置之不理，不让做的事又蠢蠢欲动地去尝试。对老师和家长的建议不会

进行是非判断,认为都是大人对小孩的压迫,并提出他要以对抗行为反对来自家长和老师的压迫,所以喜欢从事家长和老师禁止从事的活动,并称之为追求自由,例如,打游戏、玩手机、看小说、逃课、打架等。对别人要求很严,对自己要求很低,甚至没有要求,做事随意性大,并执拗地认为自己的选择永远是对的,按照自己的方式可以活得更好。

心路探究

该案例主人公的心理是典型的叛逆心理。个体发展从13岁开始进入青春期,13~18岁被称为青年初期,由于男性性成熟比女性晚一年左右,所以男性青春期年龄范围基本为14~18岁,由于个体差异,偏早或偏晚一至两年。伴随着生理和心理的发展与成长,个体在这一阶段都会表现出轻度或中重度的逆反心理,分析逆反心理出现的原因,主要有以下几点:

个体自我意识的发展。青春期阶段,个体生理迅速发展,从生理外形上看已然接近一个成人。心理上独立意识和自我意识也日益增强,表现出成人感,喜欢以"大人"自居,生活上渐渐地不愿意受父母过多的照顾或干预,否则便会产生厌烦情绪。对一些事物是非曲直的判断,有自己的观点,不愿意听从父母的意见,并有表现自己意见的强烈愿望。但因为认知有限,经济能力缺乏,社会经验和生活经验不足,所以不得不在一定程度上依赖父母,从父母那寻求帮助和支持,这种急切的独立意识和迫于能力有限对大人依赖的冲突,使得青少年讨厌被大人要求或者被规则、传统束缚,但又不能完全独立生活。

个体发展中的不足。青少年的突出心理特点是表现出成人感,会在一些行为活动、社会交往方面表现出成人样式,在心里也渴望别人把自己当作大人,尊重自己,理解自己。但由于年龄不足,心理发展并不完善,其认知能力和具体社会实践能力不高,所以在思想上和行动上盲目性比较大,家长和老师在这个过程中会给予更多的引导和要求,这使得青少年易将这种要求和引导看作压迫和阻碍。

心海导航

逆反心理是学生发展过程中产生的正常现象,如果加以正确引导,则将会健康发展,形成健全人格。如果对其行为没有正确引导,会导致学生产生多疑、偏执、冷漠、不合群、对抗社会等病态性格,使之理想泯灭、意志衰退、学习被动、生活萎靡等,进一步发展还可能转化为犯罪心理和病态心理,所以对逆反心理的改善非常重要,可以采取以下措施:

★ 正确认识自己。在发展中,我们要在了解自我的基础上注重教育自我、升华自我。青春期的个体因为认识能力、社会经验以及社会资源有限,常常对人、对事持有片面的态度，表现在对他人他事评价极端，对自己评价过高。我们应该充分了解自己、思考自己并主动设计自己，学会自我反思和合理定位，并根据外界反馈做出积极、适时、适当的调整和完善。

⭐ 学会换位思考和理解。学生逆反心理出现的主要原因是觉得自己不被理解和尊重，但是我们应该去主动了解大人行为和言语背后的原因，去理解家长和老师的初心，正确对待家长、老师的教育和引导。而不是把目光重点全放在对大人们做法的不认同或排斥上，家长、老师的有些方法可能不恰当，但应该体会他们的出发点是好的、正确的，所以我们应当理解他们的用心，而不是简单地逆反。

⭐ 控制自己的情绪。青春期的个体，好冲动，情绪易波动，自我调节能力差，而且表现为两极性，有时候心花怒放、阳光灿烂，有时又愁眉苦脸、痛不欲生。我们应该合理调节自己的情绪，用转移法、改变认知法、宣泄法或拖延转移法来控制自己的情绪。

⭐ 主动进行沟通。个体发展到青春期，总会有没人懂自己、没人理解自己的心理，会认为与大人们之间没有共同话题，常常采取冷漠或回避的态度对待大人，渴望大人的理解和支持，但心里的事情或想法却不愿意告诉大人，不会和家长或老师沟通，在矛盾和冲突产生时就会爆发。在生活中，我们应该主动找家长和老师进行沟通，向他们表达自己的想法和意愿，提出自己的要求，或者通过面对面、书信或别人转达的方式向他们表达自己的开心与烦恼，这样更利于问题的解决。

16 盛怒下自残，怎么办

心灵迷思

涛涛是一名职高一年级的男生。因为刚进入学校有些不适应，心情不是很好，又遇到了一个势利眼的同桌，总是刁难涛涛。同桌会问他父母年收入多少？家里开什么车子？有几套房子？涛涛不想回答，就说不知道。同桌又说涛涛穿的鞋子怎么这么差，还会说涛涛太自以为是，看着不顺眼，叫涛涛小心一点，说哪天实在看不下去，会找人来打涛涛。涛涛非常愤怒，但是又不敢反抗，只能一个人的时候，不断地扯自己的头发。现在，涛涛的头上出现了大面积的秃斑，非常难看，他只能戴帽子掩盖。涛涛不知道怎样才能在愤怒时不去拔自己的头发？

心路探究

平时我们周围有很多同学都和涛涛一样,正处于青春期,刚进入一个新环境,会有一些不适应,特别是面对性格不同的同学。经常无力应对,心中有火气,但是又不知道如何发泄,经常会采取自我摧残身体的方式,为什么会这样呢?

首先,中职学生大脑的自我控制部分还未完全发育成熟,抑制能力不足,情绪波动性较大,可以说是暴风骤雨。情绪的内驱力在体内积压而没有发泄的方法,往往会采用极端的方式转向自己内心。中职学生的情绪表现充分体现出半成熟、半幼稚的矛盾性特点,随着中职学生心理能力的发展和生活经验的提高,其情绪的感受和表现形式不再像以往那么单一,但还远不如成人的情绪体验那么稳定,表现出明确的两面性。情绪表现容易出现两极性,一方面是强烈狂暴,另外一方面是温和细腻,同样一个刺激,中职学生所引起的情绪反应强度相对要大得多,甚至达到震撼人心的程度。涛涛的愤怒非常明显,但是没有好的办法处理自己的情绪,他选择了拔头发的方式进行自我伤害。

其次,中职学生处于自我同一性发展的关键时期,这一时期学生会去主动探索,"我是谁""为什么是我"的问题。由于心智的不成熟,很多学生在这一阶段往往会表现出偏执的一面。学生会努力塑造自己在别人眼中的形象,在意别人对自己的看法,如果外界的评价是负性的,就会陷入自我同一性混乱。当不能与周围人正常相处时,其失落感也会特别强烈。

最后,缺乏合理宣泄情绪的方法。中职学生在这一时期由于生长发育较快会导致身体外形接近成人,但是心智水平还比较低。遇到不开心的事情,自己无法通过合理的方式进行发泄,有些学生会向外通过暴力解决问题,有些则选择把情绪转向自身,通过自残自戕来发泄情绪。此外,身体发育的成人感也会让学生认为,将身边发生的不愉快告诉家长、老师是一件十分丢人的事情,尽管自己非常难过,也不会告诉家长,只能自己想办法去解决,但往往会造成不良的后果。

心海导航

青春期是每个青少年都会经历的阶段,在这个阶段中,我们要学习认识自己,管理情绪,学会交往,树立正确的价值观。那么我们该如何做呢?

★ 理解自己正处于大脑发育的关键期,需要了解大脑的发育规律。看到自己的短板,知道如何避免情绪失控给自己带来的危险。大脑的边缘系统负责情绪,在青春期非常活跃,但是负责理智的大脑皮质层没有完全发育完整,所以,我们需要掌握多种控制情绪的方法,帮助自己度过青春期。例如,可以用以下方法宣泄情绪:张大嘴巴大声喊叫、深呼吸五分钟、打枕头、跑步、生理平衡法等。宣泄情绪时做到不伤害自己,不伤害他人,不破坏财物。

★ 多做自我认识训练。在自我探索过程中,我们可以了解自己的优缺点,也可以增强自己的自信心。自我认识是进行清晰的自我定位的基础，也是个人职业与事业生涯的起点。可以思考以下问题：我已经是什么？我不是什么？我想成为什么？我不想成为什么？我应该成为什么？我不应该成为什么？通过一步一步地强化反馈与自我提高，使自己明确人生方向，不再迷茫。我们只有拥有充分的自我认识，才能够发现真正适合自己、真正想追求的人生目标。

17 日日"思君"不慕学，怎么办

心灵迷思

敏敏是一名职高一年级的女生。读职业高中以来，她的成绩一直不理想，原因是敏敏有了一位"心上人"。平日里，敏敏就会静静地注视着"男神"上课时的背影，课间会在篮球场边看着"男神"打篮球，为他喝彩，但是自己却从来不敢表达心意。有时做梦梦到他，会开心地笑起来，有时候看到"男神"和其他女孩子走得近了，她的心里面像是打翻了醋坛子。自从入学以来，敏敏的成绩就一落千丈，再也没有心思学习了，她与"男神"的距离也越来越大，敏敏非常痛苦，认为自己是"丑小鸭"配不上他，也有过发奋读书的想法，却总是坚持不下来。内心的纠结与焦虑一直困扰着她。

心路探究

学校里有很多同学都和敏敏一样，正处于青春期，对异性感兴趣，对于恋爱非常向往，以至于不想学习。那么为什么会这样呢？

首先，青春期性教育一直是一个相对敏感的话题。中职学生处于青春萌动时期，对异性会产生好感，但是由于心智的不成熟，无法克制自己的情感冲动，进而影响学习。研究发现，在幼年时期缺乏异性父母陪伴的孩子，在青春期容易出现早恋的现象。此外，随着学生身体发育成熟期不断提前，生理激素的分泌也会让其提早陷入"爱情"的漩涡。

其次，家庭教育缺位。对于"早恋"，其实每一位80后与90后的家长或多或少都有过体验，孩子进入高中阶段有了对异性的好感是正常现象，无须谈"恋"色变。真正值得警惕的是因为"谈恋爱"或者"单相思"而引起的学业问题、情感问题、行为问题。由于心智的不成熟，很多学生会把精力过多地放在感情当中，如果处置不当，轻则影响学习、生活，重则造成重大事故。

最后，中职学生正处在生涯发展阶段的探索期，这一阶段的特点决定了我们在这一时期会感到迷茫。该发展阶段的学生应该通过生活经验的积累，逐渐检视自我概念，评估自我各方面的表现，包括兴趣、能力、价值观等，思考未来的生涯角色定位，探索未来的工作出路。然而，由于对生涯规划的陌生，对未来彷徨无措，最后常常只能随波逐流。

心海导航

青春期是每个青少年都会经历的阶段，在这个阶段中，不少青少年都会出现想意中人的冲动，我们应该如何做呢？

★ 中职学生正处于生涯发展探索阶段，迫切需要寻找人生兴趣和真理。在这一时期中暂时的迷失是正常的现象。我们要多参加实践活动，通过实践去发现自己的特长与兴趣，了解相关职业信息，了解自己的优缺点，找到自己的学习目标。有了自己的目标，我们就容易把注意力放在学习上，不会满脑子都是理想中的异性。

★ 在青春期有自己喜欢的人，这是一件正常的事。为了使自己更有吸引力，从而能匹配自己喜欢的人，我们需要不断改善自己，让自己在各个方面都越来越好，爱是一股最强大的动力。用好爱的力量，不是让自己沉沦，而是让自己进步。

★ 学习爱的能力，青春期是学习爱的能力的关键期，爱是一种技术，更是一种能力。爱的能力不是天生的，是需要后天修炼的，是一种需要不断完善的能力。爱的五种语言分别是倾听、陪伴、服务、肯定、接触。在学校，学生交往就是练习爱与被爱能力的一个活动。

18 人生很迷茫，怎么办

心灵迷思

小伊是一名职高一年级的女生。但她不想在这个学校读现在的这个专业，她非常想当警察，准备去外地的一个私立学校读警察的预备专业。小伊目前身处在这个学校里，内心非常压抑，极度难受，总想快点逃出去，经常控制不住自己的情绪，总是忍不住地想哭，经常哭得停不下来，实在没有办法再在这个学校待下去了，但是，父母和老师不同意她转学，怎么办？

心路探究

平时会有一些学生和小伊一样，遇事固执，情绪失控，那么为什么会这样呢？

首先，中职学生处于心理断乳期，情绪容易失控。中职学生的情绪有可变性和固执性共存的特点，情绪的固执性，主要是指情绪体验上的一种顽固性，由于中职学生在对客观事物的认识上存在偏执性的特点，因而带来了情绪上的固执性，一次挫折就会长时间难过。

其次，中职学生正处在生涯发展阶段的探索期，本发展阶段的学生应该通过生活经验的积累，逐渐检视自我概念，评估自我各方面的表现，包括兴趣、能力、价值观等，思考未来的生涯角色定位，探索未来的工作出路。

最后，中职学生看问题容易走极端。反抗心理是中职学生普遍存在的一种个性心理特征，这种特征主要表现为对一切外在力量予以排斥的意识和行为倾向，自我意识的突然高涨，是导致中职学生出现反抗心理的原因，随着自我意识的高涨，中职学生更倾向于维护良好的自我形象，追求独立和自尊，但中职学生的某些想法及行为不能被现实所接受，屡遭挫折，于是就产生一种过于偏激的想法，认为其行为的障碍来自成人，便产生了反抗心理。

心海导航

对于执着于自己的目标，不能变通，又没法解决的问题，学生自身该如何处理这一情况呢？

⭐ 鼓励多做实地调查。对比自己的选择，做出理智的决定。自我认知是进行清晰的自我定位的基础，也是个人职业与事业生涯的起点。我们只有拥有充足的自我认识，才能够发现真正适合自己、真正想追求的人生目标。通过努力和实践，最好用事实说话，避免禁果效应。多接触社会和职业，了解具体情况，尊重自己，不后悔作出的选择。

⭐ 了解自己的兴趣与能力之后，我们需要去了解社会上的职业类型。2015 年《中华人民共和国职业大典》将职业分类结构分为八大类、75 个中类、434 个小类、1481 个职业。职业在不断地变化之中，我们要尽可能地培养出自己的核心素养。即使工作有所变化，我们也能顺利找到自己的工作，努力找到自己的天赋，从事自己真正喜欢的工作。

⭐ 做出合理的决策。虽然我们对于前途是未知的，选择是需要有舍有得的，但是我们可以在决策中培养自己的能力，学习决策的方法，让自己在不断变化的环境中学习灵活的适应能力。

⭐ 培养自己的变通力。当一件事情不能顺应自己心意的时候，能够接纳现实，不断扩大自己的心胸，改变认知，放下执着，让情绪流动，释放情绪之后，可以改变情绪。

19 丢东西后一直在后悔，怎么办

心灵迷思

思思是一名职高一年级的女生。因为某个周末自己与朋友一起出去玩，拍了很多照片，没想到手机丢了，她心里非常难受。特别是当她想起手机里面存着很多重要的东西，自己平时也会经常丢一些东西，不知道自己为什么运气总是这么差，为什么自己经常遇到这种倒霉的事情。一直在后悔，非常难过，不知道怎么办。

心路探究

生活中，有很多学生都和思思一样，经常会弄丢一些东西，事后又开始后悔。那么为什么会这样呢？

首先，像思思这样的学生往往有完美主义倾向，认为自己拥有的东西就不能失去，对于失去不能接受。所以，每一次财物丢失，都是对于自己能否接受不完美的一次挑战。完美主义是各种心理疾病的根源。

其次，因为道德感过强，做错事情会内疚很久。每个人都有独属自己的世界观、人生观、价值观，是非对错会有一个自己的判断标准，每个人内心有一系列对自己行为举止的奖惩机制，做了正面的事情，心里就会觉得将会被奖励，反之则会冒着被惩罚攻击的风险。我们内心在三观的奖惩机制之下，自己觉得做了负面的事，承受着可能会被惩罚的风险与压力，心里就会产生应激反应。心里平衡，遇到可能会被奖励的正面状态时，心里就底气十足；心里不平衡，呈现负面的状态，可能将面临权益剥夺时，内心就会产生内愧心理。

最后，中职学生对于管理东西经验不足，对于处理情绪也没有经验，容易沉浸在负面情绪中，不能自拔。多次失败会慢慢形成习得性无助，从而给自己消极暗示，认为自己运气不好，注意力会集中在负面事件上，心情更加不好，关注的不好事件会更多。

心海导航

对于为自己的错误而一直内疚的学生，该如何处理这一情绪呢？

★ 接受不完美。完美主义是抑郁症与强迫症的心理根源，世上没有完美，如果一定要实现完美，那就必定以失败告终。接受不完美，接受失败，是我们学习的一个任务，也是抗挫能力的一个表现。我们可以试着说"我接受""我允许",来练习自己接受不完美的能力。

★ 学习管理自己的东西。由于社会经验不足,我们容易顾此失彼,因此而犯错。但是每一个错误,都是有教训可以总结的,我们要从中吸取经验教训。只要吸取到了教训,我们就可以放下内疚。训练自己的记忆能力与观察能力,学习使用清单管理事物。

★ 管理自己的情绪。内疚是一种很低的能量,我们必须放下内疚,才能更好地改变自己。内疚、遗憾情绪的意思是以为已经完结的事里面还有没有完结的部分,内疚、遗憾情绪是能够指引方向的,如果明白了它们的意思,它们就能转化为力量,去推动拥有者把未完成的部分完成。看到自己的情绪,只是静静地看着,持续15秒钟,它会自动消失。不抗拒,不批判,情绪来了,情绪又会走,它就像海浪,一波又一波。我们只要收到情绪带来的礼物,情绪会自动消失。

20 经常性睡眠不好,怎么办

小刚是一名职高二年级的男生。近期他晚上经常睡不好,上床一两个小时还睡不着,在床上总是胡思乱想,总在担心身边的人不喜欢自己,怕别人说自己坏话。睡觉时不是睡得很浅,就是老是做噩梦,早上又醒得很早,白天听课与做作业的时候都很困,作业写不进去,对身边的声音特别敏感,听到一点点声音就会难受,很想处在一个绝对安静的环境里,非常害怕别人评论自己,不知道怎么才能够让自己睡得好。

生活中,有很多同学都和小刚一样,会经常性睡不好。那么为什么会这样呢?

首先,中职学生对于人际交往非常敏感,特别在意周围人对自己的看法。青春期是自我意识发展的飞跃期,青春期的自我意识高涨,有一个主要表现就是个性上的主观偏执,一方面,我们总认为自己是正确的,听不进别人的意见,另一方面,我们又感到别人似乎总是用尖刻挑剔的态度对待自己。因此,当听到别人低声讲话,便断定是在议论自己;当看到别人面露微笑,又觉得是在嘲笑自己;如果某位老师看自己一眼,就会认为是自己做错了什么。总之,觉得周围的人时时刻刻都在品评自己,这种想法使学生感到压抑、孤独而且神经过敏。

其次，有些中职学生不善于沟通。平时在学校基本以学习为主，很少专门训练沟通技巧。家长也不够重视孩子的交往能力。到了高中，很多孩子第一次住校，面临与同学的密切交往，经常会因为生活习惯不同而产生矛盾。

最后，部分中职学生胡思乱想现象比较普遍。青少年时期的学生集众多矛盾于一身，表现为既渴望摆脱束缚，但又受到能力的限制；既想得到他人的认可，但又自我中心意识太强；既想张扬个性，但又比较偏激，再加上这段时期心理发育还不成熟，情绪不稳定，逆反心理强，自尊心强，分辨是非能力较差，自我控制能力和心理承受力都较弱，这些特点很容易激化人际矛盾，使学生无所适从。一旦出现失眠症状，便会想得更多，同时又开始担心失眠的危害，因为担心而耗费了大量脑力，第二天就会精力不佳，从而又更担心失眠。

心海导航

经常性失眠会严重影响学生的正常生活，我们该如何处理？

⭐ 了解睡眠科学。大脑从未休息，其实失眠并不可怕，只要不焦虑，躺着休息就可以了，失眠最大的危害来自担心失眠而产生的焦虑，焦虑浪费了大量能量，让自己感觉很困。减少因为失眠而带来的焦虑，可以减少失眠的危害。睡不着的时候，可以努力回顾当天的学习内容，这是一个记忆的高峰期，用好了，可以提升学习成绩。

⭐ 多做静坐冥想训练。训练自己的大脑，提升专注力，减少胡思乱想的时间，主动训练自己去想一些美好的事情，让自己的心安定下来。不管过去、现在、未来，都有好的事情可以想。自己曾体验过的所有美好的感觉，以及自己所拥有的好东西，可以反复想。

⭐ 学习沟通，增进信任。成立睡眠问题同伴互助小组，大家可以分享自己的感受，从而了解到自己的问题其实很正常。在互助小组中学习沟通技巧，相互反馈，相互支持，获得友谊。在互助小组里学习到的沟通技巧，可以运用在生活中。尝试着去信任别人，信任是一种能力，这也是需要培养的。

 21 生活方式不够健康，怎么办

心灵迷思

小明在周一上课时，两眼迷离，昏昏欲睡。通过课后了解，他说周末两天休息得很差，晚上睡得很迟，有些黑白颠倒。玩起游戏来，还会忽视吃饭。回到学校困得不行，上课也就无精打采了。通过聊天，小明还说自己在学校的时候也会经常不吃饭，

因为有时觉得排队很麻烦，有时是因为饭卡里的钱提前用完了。因此，周五的中午，小明基本是不吃午饭的，熬到放学回家吃。所以小明的脸色很不好看，身体也瘦瘦的。他不知道养成健康生活方式对人的重要性，自我保健意识淡薄。

心路探究

身体健康是我们学生进行日常生活和学习的基础，可以体现生活品质和生命质量的高低。因此，我们每个学生都应该珍爱自身的健康。

健康生活方式是指有益于健康的习惯化的行为方式，主要包括合理膳食、适量运动、戒烟限酒、心理平衡。真正做到这些实在不易，但应根据个人喜好，合理安排生活。对学生来讲，早睡早起、合理饮食等习惯都是非常重要的。

我国古代就有"我命在我，不在天"的说法。重视自己的健康就要随时随地对自己有细致周到的关心。不要忽略日常生活中的一些细节，因为身体上的一些小问题，往往是向健康发出的警示信号。每个人都是自己健康的主人，除了认识到健康的重要性之外，还应该在生活中对身体上出现的问题或警示信号引起足够的重视，因为这些细节最终会决定一个人的健康。个人的生命历程可由自己主宰，健康的主动权在自己手中。1991年世界卫生组织明确指出，如果健康是100%，那么在影响健康的因素中，生活方式与行为占60%，遗传因素占15%，社会因素占10%，医疗保障因素占8%，气象因素占7%。这都在告诫我们，健康的主导因素在于自己，在于自己的生活方式。

中职学生正处在生命的蓬勃发展期，血气方刚，精力旺盛，要注重个人良好生活习惯的养成。在现实生活中，不少学生仗着自己年轻、身体好，就任意挥霍自己的身体，殊不知这会给他们的健康埋下隐患。

心海导航

俗话说："好习惯是健康的银行，坏习惯是健康的监狱。"生活方式与健康的关系极为密切，所以我们应该重视健康生活方式的培养。在日常生活中，我们应该养成健康的生活方式和生活习惯。

★ 要合理安排作息时间，形成良好的作息制度。有规律的生活能使大脑和神经系统的兴奋和抑制交替进行，天长日久，能在大脑皮层上形成动力定型，这对促进身心健康非常有利。我们应养成早睡早起的习惯。研究表明，学生的睡眠时间一般每天不得少于7个小时。如果条件许可，午饭后可以小睡一会儿，但最好不要超过30分钟。

★ 要适当参加文艺体育锻炼，增加生活的情趣。"文武之道，一张一弛。"学习之余参加一些文体活动，不但可以缓解刻板紧张的生活，还可以放松心情、增加生活乐趣，有助于提高学习效率。听音乐、跑步、做广播体操、踢足球等都有助于增强体质，提高人体对疾病的抵抗力，这是一种积极的休息。实践证明：7＋1>8。在这里，7＋1表示7个小时的学习加上1个小时的体育文娱活动，8表示8个小时的连续学习。也就是说，参加体育文娱活动的7个小时学习比不参加体育文娱活动的8个小时学习效果更好。

★ 要保证合理的营养供应，养成良好的饮食习惯。营养学家研究证明：早餐吃饱、吃好，对维持血糖水平是很有必要的。用餐时不宜挑食、偏食，要加强全面营养，还要多吃水果和蔬菜。

★ 要预防及改正不良的生活嗜好，提升生命质量。吸烟、酗酒、熬夜及长时间上网会使身体受到危害，影响身体健康。吸烟、酗酒对身体百害而无一利。我们正处于生长发育时期，应该拒绝吸烟、酗酒等行为。